パリの子育て・親育て

À Paris, élever un enfant, ça nous fait grandir.

林 瑞絵
Mizue Hayashi

花伝社

パリの子育て・親育て◆目次

Saison2　家族の転機（一歳〜四歳）

Saison3　日仏交えて子は育つ（四歳半〜五歳）

Saison4　学校生活がはじまった（小学校低学年　六歳〜七歳）

Saison5　そして少女になっていく（小学校中学年　八歳〜九歳）

はじめに

一〇年前、つまり二〇〇二年初秋の自分を思い浮かべると、ちょうど妊娠直後の頃だ。まだ妊娠の自覚もなく、タバコも吸っていたと思う。当時は「子ども嫌い」とまではいかないが、子ども一般に全く興味がなかった。なにぶん取り扱いが判らないから近づきたくないし、にごった大人の胸のうちを見透かされそうで、ちょっと怖い存在でもあった。ぼんやりと「一生、子どもは持たないだろう」と思っていた。

そもそも私は家事が苦手で嫌いだ。二五歳の時に親友の披露宴で、「ニンニクとショウガの見分けがつかないみずえさん」と人前で紹介された武勇伝も持つ。だから正確には、「子どもは持たない＝持つ資格がない」と思い込んでいた。こんな自分が子育てに関する本を出す日が来るなんて、やはり人生、何があるかわからない。

ミラが生まれる前、出産後はやりたいことが制限されるからさぞ辛いだろうと思っていたが、子育てが意外に楽しくて驚いた。料理が苦行でないと初めて思えたし、かえって仕事も頑張ろうと前向きにもなった。私の場合は子どもの存在が、自分を少しだけ大人にしたところがある。我ながら単純なものだ。そういえば知り合いには子どもを持たない人も多いが、そもそも彼らは子どもなど必要としなくても、ごくごく自然に大人でいられる人ばかりに見える。

さて本書の柱となっているのは、フランスにおける妊娠・出産・子育ての体験を、異国に住む新米母エッセイとして綴ってきたものだ。九年間にわたりパリの日本語新聞『オヴニー』にて、「パリの子育て・親育て」というタイトルで連載させてもらった。加えて雑誌や新聞、ネットマガジン用に子育て記事を執筆することもあり、この機会にコラムとして挿入した。

図らずもフランスで子育て体験ができたことは、異邦人シングルマザーでダメ母候補ナンバーワンの自分には幸運なことだった。政府の援助が手厚く、社会全体が子育てに理解があり、マイペースな子育てもしやすいというのは大変有り難かった。少子化が問題視される日本にも、まだまだ参考になる点が多いだろう。

とはいえ、本書はフランス子育て事情の絶賛本ではない。ネガティブに見える点についても、遠慮なく言及した。ややもするととっちらかった印象を与えてしまうかもしれない。しかしバラ色の人生もバラ色の子育ても、どこにも存在しないのが現実だ。なるべく正直に、自分が感じたありのままの現地事情をお伝えし、「ふ〜ん、こういうこともあるのか」「ここはやっぱり日本の方がいいよね」などと思ってもらえるのも、きっと無駄ではないと思う。フランスから反面教師的に学べることだって、きっとあることだろう。

……と偉そうに言ってはみたものの、まずは普通に読んで楽しんでもらえるのが一番嬉しい。異国の母子奮闘記として読者にニヤッとしてもらえれば、それこそ著者冥利に尽きる。

Saison1

フランスで親になる

（妊娠中～０歳）

1　「あっ、陽性だ！」

予期せぬ妊娠だった。子どもも家事も苦手な私の人生設計に、「出産」の二文字はなかった。一緒に住んで四年になるジルとも、子どもについて話したこともなかった。だから薬局で妊娠検査薬を買い陽性反応が出た時は、彼と顔を見合わせ笑うことしかできなかった。

その後、産婦人科で妊娠の太鼓判を押される。妊娠が現実になると、今度はどうしてもおなかの子どもに会いたくなった。彼の方も、二〇代半ばでパパになるという予想外の未来を受け入れ始めたようだ。さっそく彼の両親に電話報告。感激屋の二人は涙を流さんばかりに祝福してくれた。続けて日本の私の母親にも連絡。無条件で喜んでくれると思ったが、「結婚もしていないのに……」と冷ややかな反応。「非嫡出子」という言葉が冷たく響く祖国が、急に遠く感じられた。

妊娠三ヵ月目になるとツワリを感じるように。よく漫画などにあるように「うっ」と口を押さえトイレに駆け込む姿にどこか憧れていたが、残念ながら経験できなかった。この時期は冷やしうどんや刺身など、のどごしのいい和食を求め、オペラ座近くの日本人街によく通った。また欧州で健康食として市民権を得ているミツバチ花粉（pollen）も、粉っぽくてまずいが無理して食べ続けた。
妊娠前に手放せなかったタバコも、煙さえ気持ち悪いと思うようになってしまった。おなかの子が拒否してくれたのだろうか。

2　二頭身のわが子の影

妊娠がわかったら、のんびり妊婦ライフに浸っているだけではいけない。まずは乳幼児手当を受けるため、妊娠証明書を健康保険金庫と家族手当金庫に送る。また希望の産院があれば早めに予約を入れる。私の場合は友人おすすめの産院に連絡したが、四件目でようやく予約ができた。なんでも人気の産院には、まだ妊娠前なのに予約を入れる人までいるという。加えて出産後に託児所を考えているのなら、妊娠中に区役所に予約をしないといけない。ベビーブームに沸くパリの赤ちゃんは、誕生前から大変忙しいのだった。

さて妊娠中の楽しみは、胎児の成長具合がパソコンの白黒画像でわかるエコグラフィー（超音波断層装置）。これで初めて二頭身のわが子の影を見た時の気分は、ちょっと忘れられない。人間というよりピーナッツ。自分の体内にいるのだから限りなく近い存在なのに、まだ顔すら知らない謎の人物。この奇妙な気分に味をしめ、毎月の検診でもらったエコー画像を自宅の壁に貼るのが趣味になった。ジルと一緒に、ピーナッツの影をよく眺めて過ごした。だが来客時には恥ずかしいので慌てて外したりもした。

そんな母親若葉マークの私をたしなめるかのように、五ヵ月ごろにはおなかの内側からノックを感じるように。胎動だ。天然温泉が体内でポコポコ沸いているような感覚に似ていた。

3　男の子？　女の子？

妊娠も中盤戦を過ぎ、おなかもどんどん丸くなってきた。胎児の成長はうれしいが、後戻りできない時限爆弾にも思えてくる。出産が現実味を帯びてくると、いろいろな不安が沸き上がる。こんな計画性のない出産でよいものか、ママになる資格はあるのか、やりたいことができなくなってよいのか、妊娠がわかる直前までタバコを吸っていたが大丈夫だろうか……。産まれてくる子のイメージができないことも不安をあおる。私は鼻ぺちゃの日本人だが、ジルは滑り台のような鼻のザ・ガイジンだ。ハーフは可愛いという幻想があるけれど、こんな両極端のタイプの顔が混ざるのは、やはり相当変ではないか。しかもジルは強力な天然パンチパーマ。

日本とフランスでは妊娠期間の数え方が違う。日本は妊娠開始日を最終月経の最初の日とするため「10ヵ月（10月10日）」に、フランスは推定受精日から数えるため「9ヵ月」となる。

女の子だったら困るだろうな。ついに夢の中には顔のない赤ちゃんまで登場した。情緒不安定からか、一度ささいなことで笑ったら、そのまま泣き笑いに突入してしまうことが多くなった。

いよいよ定期検診の日、エコグラフィーのおかげで性別がわかることに。この時はジルも仕事を早く切り上げ、駆けつけてくれた。ジルは男女どちらでもうれしいと言っていたが、私はひそかに男の子を産んでマザコンにしようと企んでいた。ところが、結果は女の子。「あーあ」。思わずもれてしまったため息。それを聞いた先生は「それじゃあ私が赤ちゃんをもらっちゃうよ」。恥ずかしくて顔が真っ赤になった。

4 名前を探すのが大変！

子どもが女の子と判明したので、ジルと名前を考え始める。日本では名前の届けに生後二週間の猶予があるが、フランスは三日しかない。だからなおさら産まれる前にしっかり考えておかないといけないのだ。ハーフの子どもの名前は特にやっかいだろう。西洋っぽい名前を考えても、純和風の顔で産まれてきたら似合わないか、と心配にもなる。「日本名とフランス名を両方つければ？」と何人かにアドバイスもされた。だが名前が二つあるのは優柔不断な感じがするので、できれば一つに定めたかった。そういえばハーフでなくとも、フランスには二つ以上名前を持つ人が多い。「アンヌ＝マリ」「ジャン＝ルイ」といったプレノンコンポゼ（prénoms composés）という奇妙なものまで存在する。ジルのパスポート上にも二番目の名前で「ジョアンニ」とあるが、この名前の存在を知るのに四年以上かかったっけ。

さてジルと毎日いろんな名前を出し合ったが、その度に互いのセンスをなじるばかり。私の希望はなるべく無国籍かつシンプルで、意味や願いを込め過ぎないもの。だが考えれば考えるほど見つからないもののようだ。そんなおり、出産間際の八ヵ月目でブルージュへ旅に出た。ジルと通りを歩いていると、前方に軽トラックが停車中で、荷台には大きな字で「ＭＩＬＡ」と書かれていた。「これだ！」。顔を見合わせうなずき合った。名前探しも一件落着。どうか我が子が大きくなって、この記事を読むことがありませんように。

5　マタニティスイミング

妊娠中、最後のイベントが出産準備講座とマタニティスイミングだった。どちらもベビーブームのあおりを受けてか、臨月に入る頃にようやく参加できた。講座は、助産婦が「分娩のプロセス」「呼吸法」などを数回にわたり授業する。「分娩室見学」もある。ジルも会社を早退し、積極的に参加してくれた。人数は毎回一〇人ほど。参加者の中で数少ない男性のジルは、他のどの妊婦よりもテンションが高く、助産婦を質問攻めにしていた。助産婦は、近年フランスの出産が医療に傾き過ぎていることを指摘。例えば九〇％以上の妊婦が出産時に麻酔を使うが、これは欧州で最も高い比率だという。医者や薬の力に頼り過ぎず、自分で産むという気持ちこそが大切なのだと知った。

一方、スイミングの方は、水の中で簡単なエクササイズをするというもの。小さいプールに四、五人もの臨月妊婦が集まると、トドの集会のようで迫力があった。講座で得た知識もさることながら、他の妊婦の存在そのものが出産への不安を取り除く効果があった。講座、スイミングとも満足できる内容だったが、結局両方とも最後は移動が辛くなり、通うのを断念してしまった。やっぱり臨月からのスタートというのは遅すぎると思う。とはいえ、フランスは両方とも社会保険で払い戻しがきくから、この際目をつぶっておこう。

コラム……高い出生率の秘密

フランスは出生率が高い国のひとつ。二〇一〇年の特殊出生率（一人の女性が一生に産む子どもの平均数）は二・〇一人と、EU圏内ではアイルランドと並ぶ好成績をマーク。先進国が軒並み少子化問題に頭を抱える中、「産みやすい国」でいられるフランスの秘密はどこにあるのだろうか。

充実の援助政策

日本でもよく知られているのが、政府の手厚い援助政策。出産前後の検診代や出産費用は基本的に無料。妊娠七ヵ月目には約一〇万円の出産準備金、子どもが三歳になるまでは毎月約二万円の乳幼児手当が支給される。さらに第二子には約一万五千円、三人目には約一万八千円の家族手当があり、所得制限がない。

PMIと呼ばれる地域の母子保護センターでは、乳幼児の検診や授乳指導、子育て相談が受けられる。また尿失禁や臓器下垂を防ぐための運動療法士による産後の骨盤底リハビリテーションにも処方箋が出る。これらのサービスも全て無料。新米ママにとっては、かゆいところまで手が届いた充実の内容となっている。さらに不妊治療も保険適用内である。

出産は無痛分娩が主流

実質的な援助に加え、女性が余計なストレスを感じることなく、精神的に産みやすい環境が整っているのも大きな魅力。例えば出産は無痛分娩が主流。九割以上の妊婦が、硬膜外麻酔の使用を希望する。どうも合理的なお国柄からか、「痛みはないにこしたことがない」という考えが根底にあるようだ。

かく言う筆者もフランスで無痛分娩を選んだひとり。麻酔のおかげで大変リラックスして出産に臨めた。筆者の場合は麻酔効果で辛い痛みをほとんど感じることもなく（効果は個人差アリ）、意識も鮮明、イキめるので子どもを産んだ実感もしっかり感じられて良いことづくし。日本の友人から壮絶な出産体験を聞く度に、〝痛みの通過儀礼〟を揉み消したようで、少しばかり後ろめたさを感じてしまうほどだ。

ちなみに無痛分娩の場合、産後の肥立ちが比較的良いこともあり、入院日数は出産後約三日と、日本にくらべ短めに設定されている。帝王切開の場合は五日以上となるようだ。

イクメンの元祖？　フレンチイクメン

フランス人女性が子どもを産みやすい別のポイントとして、育児参加に対する男性たちの意識の高さも挙げられそうだ。政府は男性に土日を含む一一日間の育児休暇を保障しているが、日本のように取得に肩身が狭くなるようなことはない。「新米パパの当然の権利」として認知されている。そしていざ育児休暇を取得したら、張り切ってお手伝いをしてくれる頼もしい男性が多いのは嬉しいところ。オムツ替えやお風呂、料理だって何のそののフレンチイクメンのおかげで、お疲れママの肩の荷もぐっと軽くなるはずだ。そもそもフランスでは、出産時の立ち合いを希望する男性の割合が八割。すでに出産の段階から、男性は前のめりでパパ役に飛び込んでいるとも言えそうだ。

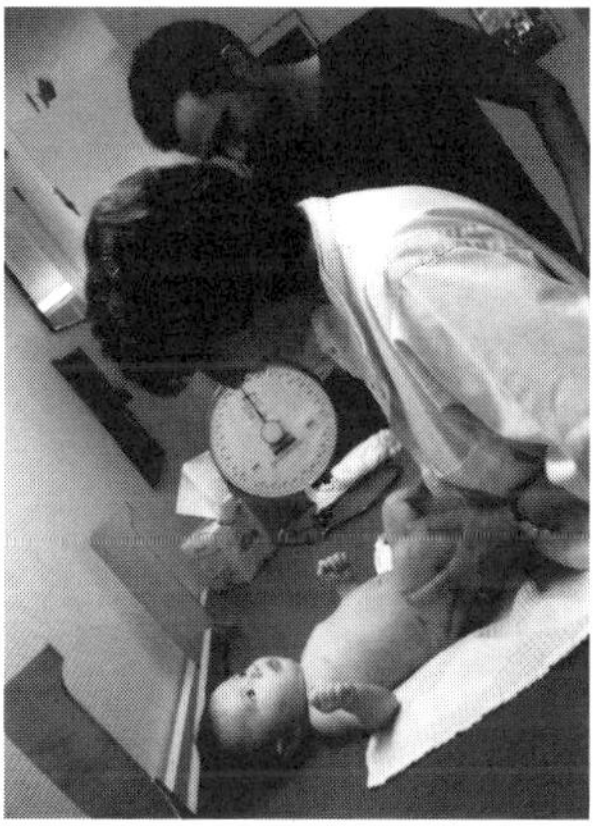

日本の少子化対策についていつも思うのは、制度だけを変えても片手落ちということ。まずは日本の男性が、フレンチイクメンさながら「自分も子育てをしている」という意識に目覚めることが大事だろう。また、働く母親に余計な罪悪感を植え付けかねない「三歳児神話」も問題だ。フランスではたとえ〇歳児であっても、託児所に預けることにためらいがない。子どもを持った女性にも、一人の自立した人間として働き続ける権利があることを当然とみなせる、寛容で成熟した社会にあるからだろう。

結局、子育てに対する社会の意識が改善されない限り、日本人女性の負担があまりに重過ぎて、出生率も上がらないのではないか。現在筆者は働くシングルマザーであるが、もしも私が同じ状態で日本に住んでいたのなら、残念ながら子育てをしていける自信が、正直言って全くないのである。

♪♬♪

6　にゅるっと滑り出た

ほぼ出産予定日となった朝、お腹のにぶい痛みで目が覚めた。これがいわゆる陣痛だろうか。お昼近くになり、規則的に痛みが来るので病院へ。助産婦さんには、「タクシーは出産直前の妊婦の乗車拒否をすることが多いから救急車を使うとよい」と言われていたが、救急車では大げさに思える。幸い日曜日でジルも在宅だったので、一緒に地下鉄に乗り込んだ。増してきた痛みに時々よろけつつも、午後一時過ぎにようやく到着。検査すると子宮口がかなり開いているというので、休む暇もなく分娩室へ。フランスでは無痛分娩が主流だが、私は麻酔専門医と相談し、出産時に辛かったらその時に決めて使うことにしていた。

結局出産三〇分位前に、陣痛がきついので麻酔をお願いしてみた。やはり麻酔の効果は抜群で、急にジルと冗談を言い合う余裕ができた。昨日までバカンスに出かけていたという担当医も無事に駆けつけて、呼吸法をリードしてくれる。そして一七時過ぎ、ジルの立ち会いのもと、にゅるっと滑り出るように娘ミラが誕生した。

ジルがへその緒を切る役目だ。へその緒を切るということは肺呼吸を開始させることであり、人としてこの世に誕生させることに違いない。その意味で、二人で娘を誕生させることができたのは嬉しかった。その後、娘を私のお腹に乗せ、ジルと二人で眺めて過ごした。なんだか夢を見ているような不思議な時間であった。

7　抱っこするのも怖い

イースターの日、娘は身長四九センチ、体重三二六〇グラムで誕生した。澄んだつぶらな瞳で、初めて目が合った時は胸がキュンとした。新生児の容姿など「お地蔵さま」に違いないのだが、自分の子どもとは思えないほど可愛い。親バカというのはすぐに始まるものと知った。

出産当日はかなり休めたが、翌日からは早速子どもの下僕となる。授乳、おむつ替え、沐浴のコツから、飲ませる薬、おへその手入れ法まで、覚えることは山ほどある。ジルと一緒に助産婦の言葉を必死にメモする。

フランスでは生後三日以内に出生届けを出すので、彼もすぐに区役所に出かけて行った。「みら」は、フランス語で「MILA」となる。日本人の私には「MILA」でも「MIRA」でも同じに見えたが、彼にとっては「発音が違う」と大問題だ。

入院中は、親族や友人が次々にやって来てくれた。多くは子どもの顔を見るなり「パパ似だね」と判を押す。そのような気は薄々していたが、そう皆に言われるのも悲しいものだ。会陰切開跡の痛みと、母乳も止まりそうな病院のまずい食事に顔をゆがめながらもめまぐるしく時は過ぎ、四日目に母子ともに無事退院となる。娘を抱っこするのさえ怖いのだが、これからはジルと二人だけでやっていかねばならない。サボテンでさえ例外なく枯らしてしまう私に、果たして二四時間態勢の赤子の世話ができるのだろうか。

コラム……**出産にまつわるしんどさ@フランス**

社会が働く女性に理解があり、男性も育児に協力的。安心して産める先進国代表のフランスだが、出産時に体験しやすいストレスの種がないわけではない。

まずは産院予約の難しさ。特に二〇〇〇年以降のパリはベビーブームで、公立・私立を問わず人気産院に予約を入れるのは至難の技に。筆者も電話で何度も断られた末、かなり希望をさげた産院となった。こんな状況下では、まだ妊娠もしてないのに予約だけ入れる女性がいるとの噂もちらほら。日本以上に学歴社会のフランスだが、子どもたちはお腹にいる時から、しっかりと競争原理に巻き込まれているとも言えそうだ。

さて出産時にお世話になる医者だが、フランス人は一般にコミュニケーション能力が高めなためか、日本にくらべ主治医との密な関係が築きやすいのは嬉しいところ。とはいえここにも落とし穴が。せっかく検診を通して信頼関係を築いてきても、バカンスやストで突然に担当医や麻酔師がいなくなることがあるからだ。筆者は出産予定日がイースター休暇の時期だったが、急に主治医に「バカンスに行く」と宣言され驚いた。結局、主治医のバカンス直後に娘が産まれて難は逃れたが、知り合いの中には麻酔師がストを起こし、急きょ自然分娩になったという人もいる。

このようにフランスの妊婦にもストレスの種が見受けられるものの、克服のヒントがある。それは「C'est la vie（セラヴィ）＝これが人生、しょうがない」の精神だ。そもそもフランスで生活をすれば、役所仕事の無能さや店員の無神経さに腹が立つこともしばしば。いちいち相手にしていたら気がもたない。出産とて同じこと。麻酔師に逃げられた知り合いは、「せっかく無痛分娩が盛んな国で出産を選んだのに、麻酔師に逃げられて面白い経験だった」と、最後は笑い話に転化していた。彼女のように立派に開き直ることができれば、少しは気分が楽になるかもしれない。

♪♬♪

8　ミラ、初のお出かけ

退院後はジルが二週間の育児休暇をとり、家事を一手に引き受けてくれたので、私は安心して授乳とおむつ替えだけに徹していられた。

ある日ジルは、ミラが少々ダンボのような耳の持ち主であることに気がついた。「僕や僕の姉が赤ちゃんのころは、ダンボ耳にならないようにテープで両耳を固定されたんだ」という。フランスでは、どうもセルジュ・ゲンズブールのような耳は笑い者になりやすいようなのだ。でも私も少々ダンボ耳だが、今までそれで悩んだことはない。だからミラの耳も個性と割り切り、テープ使いは見送ることにした。

生後二週間が過ぎたころ、初めてミラを連れて近所の公園へ出かけた。日本の育児書では、「赤ちゃんの外出は生後一ヵ月たってから」とあるが、しっかり者である義母の「近所なら問題ない」という助言の方を信じた。ジルはハンモックタイプの抱っこひもで娘を包み上機嫌である。ここ数年、パリではハンモックタイプの抱っこひもが徐々に浸透してきた。私たちは、助産婦さんが「赤ちゃんがお腹にいた時と同じ姿勢を保てるので良い」と勧めてくれたので、誕生前から張り切って購入していたのだ。ミラも優しい揺れのおかげか、あっという間に夢の

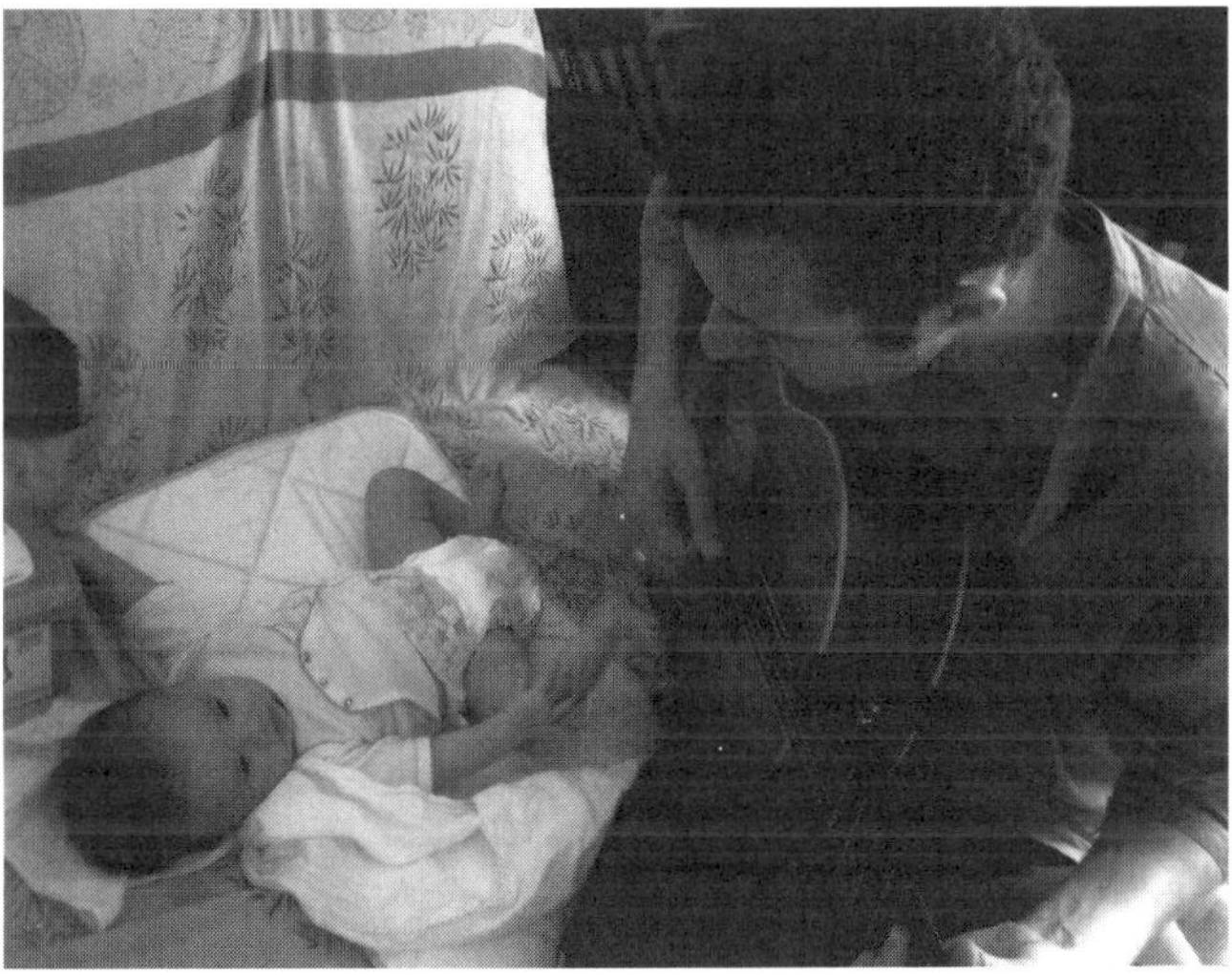

日本よりも赤ちゃんの世話を積極的に楽しむパパが多いようだ。

中だ。だがせっかく初のお出かけなのに、終始熟睡中だったのはちょっと残念。目をつぶっていても、頬にそよぐ春風は堪能してくれたと思うことにしよう。

9　困った時のPMI頼み

赤ちゃんは日々進化する。髪の毛はふわふわ、まつげや爪はちまちま伸びていく。顔つきもサル科からヒト科へようやくヴァージョンアップしてきた。ふとクーファン（赤ちゃん用のかご）の中にいる娘をのぞき込むと、私を見てふにゃっと笑った。俗にいう「生理的微笑」なのかもしれないが、私にはミラの初めての人間的な笑いに思えた。うれしい反面、本当に人を一人産んだのだという空恐ろしい実感も加わり、思わず鳥肌が立った。

生後一ヵ月が過ぎ、近所にPMI（母子保護センター）という、無料で子どもの定期検診などを行う公共施設があることを知った。ここでミラの身長と体重を測ってみたら、母乳はしっかり足りていることがわかりほっとした。ミラはジルに似てなかなか背が高い。スタッフが親切そうだったので、「授乳の間隔が短くて困っている」と悩みを打ち明けてみると、助産婦が母子宅まで出張し授乳指導をする無料サービスがあるから申し込めと言う。早速申し込むと、数日後には助産婦さんがやって来て、具体的な授乳のコツや母乳育児の心構えなどを伝授してくれた。誕生間もない赤ちゃんとの外出は容易でないし、授乳指導は普段授乳を行っている場所でされるのが理想だろうから、これは大変利に適ったシステムだ。おかげで翌週からは、授乳間隔を平均三時間ほどあけることに無事成功した。

困った時のＰＭＩ頼みである。

10　ミラを連れて里帰り

ミラが三ヵ月のころ、八月の丸一ヵ月、親子三人で日本に滞在した。長時間の飛行機は子どもには辛いものだが、ミラくらいチビだとかなり寝てくれる。医者からは、「赤ちゃんには離着陸時に飲み物を飲ませれば、耳がつーんとするのを防げる」とアドバイスされたので参考にした。

日本に到着し、早速両親に孫の顔を見せる。あんなに出産に反対だった母も、男の子を欲しがっていた父も、「あんたが小さいころよりずっと可愛いねえ」と目尻を下げっぱなし。さて二年ぶりとなる久々の里帰りは会いたい人が多く、日々移動ばかりとなる。汗っかきの赤ちゃんは衣装変えの回数が結婚披露宴顔負けなので、特に荷物がかさばるもの。それに加え、海を越えてわざわざベビーシートまで持ってきてしまったが、フランス版シートはなぜか日本の車に装着できず、結局別のものをレンタルするはめに。そのレンタルシートにミラを乗せ、軽井沢の山荘や秩父のキャンプにも出かけてみた。

ジルと私の大きな楽しみは温泉だった。シャワーしか付いていないパリの住まいに心底辟易していた私は、日本滞在中、何度温泉や銭湯に足を運んだかわからない。ミラはもちろん温泉は初体験だ。初めてといえば、彼女が生まれて初めて飲み物以外の固形物、卵豆腐を食べたのも日本。初めて口に含んだ時の、ミラの「あれっ」と驚いたような表情を忘れられない。

11　手ごわいリハビリ

娘がいる生活にも慣れると、徐々に自分の体の変化にも目がいくように。まず悲しかったのが抜け毛に白髪。それから子どもを抱っこするので肩と腰がガチガチに。おまけに痔までひょっこり現れた。長年痔持ちの父を笑っていた天罰が下ったのだろう。それぞれの症状は大したことがなくても、一挙に出て来ると落ち込んでしまう。

そういえば出産一ヵ月後の母体検診で、会陰と腹部リハビリの処方箋をもらっていた。フランスではこの出産後のリハビリを、キネと呼ばれる運動療法士（kinésithérapeute）が受け持ち、一〇回まで社会保障がカバーしてくれる。出産後半年になるが、体にも良さそうなので自宅近くの女性運動療法士のリハビリに通うことに。

最初私は呑気にマッサージにでも行く感覚でいたが、これが大間違い。出産で肥えた私の肉体にムチを打つごとく、さまざまな運動をさせる。学生時代に慣れ親しんでいた腹筋運動でさえ辛くて脂汗がにじむ。仰向けの姿勢で足をあげ、空中に円を描くだけで足がつりそうになる。ミラはトランザット（赤ちゃん用イス）に座らせていたが、母親が次々と怪しげな格好をするのを、目を丸くして驚いていた。なかなか手ごわいリハビリであったが、効果はあったと思う。

だが何度か通ううち、療法士がリハビリ中に長電話したり、ミラが泣いた時に私があやしたら怒ったりしたので、なんとなく行きたくなくなり、足が遠のいてしまった。

コラム……赤ちゃんが泣いたらどうする？

長らくフランスでは、赤ちゃんが泣いても放っておく風潮があった。「世話をし過ぎるとワガママになる」という考えが広く共有されていたことに加え、「赤ちゃんも別室で一人寝」が基本のため、泣く度に相手をしたら不便という事情もあったのだろう。また、指しゃぶりが大目に見られていたりドゥドゥ（doudou）と呼ばれる「赤ちゃん用ぬいぐるみ」文化が根強く託児所から持参を奨励されがちなのは、一人寝を強要され、働く母親も多いフランスの子どもたちの「泣きたい気持ち」に対するささやかな同情行為に見えなくもない。

ところが最近は「泣いた赤ちゃんを放っておくのは無意味」と考える人が増えてきた。大手雑誌やサイトでは、心理学者が「赤ちゃんにとって泣くことは大事な伝達手段。空腹・痛み・疲れ・不安・おむつといった泣きの理由を、親はひとつひとつ検証してみましょう」と提案している。ただしいくら偉い先生のアドバイスでも、子育て中のママとしては「理由が簡単にわかればどんなに楽か……」と、愚痴のひとつもこぼしたくなるのが現実のようだ。ネット上には、悩める新米ママたちの嘆きで溢れている。どこの国でもスマートな子育てなどあるはずも

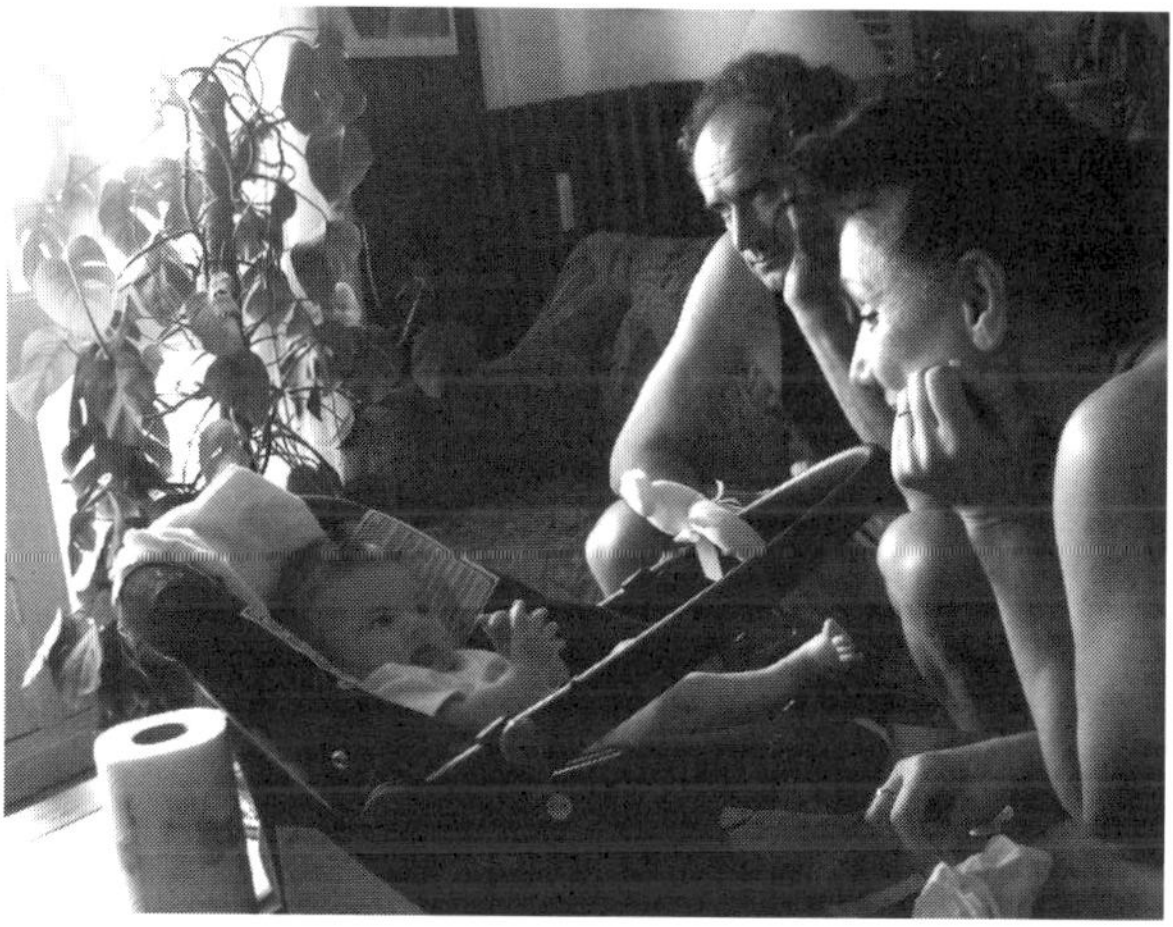

なく、悩んでうろたえ、対処法で乗り切るうち、嵐のような時期が終わるだけなのかもしれない。

とはいえ私が実践し、なんとなく効いた気がする対処法がふたつある。ひとつは、古来から精神安定の効果があるとされてきた琥珀のネックレスだ。フランスでは歯が生える時期にむずかる赤ちゃんに効くといわれ、私も義母から贈られたものを娘につけた。もうひとつはベビーマッサージ。こちらは義パパから解説本をプレゼントされたのをきっかけに実践。薬局で売られ知名度も高い「ヴェレダ」のオイルで全身マッサージをすると、娘はたちまちご機嫌になったもの。しかし九歳になった娘から、今だに日々マッサージをせがまれてちょっと面倒というオマケを引きずってもいる。

12　お出かけは辛いよ

まだ歩けないミラを連れ、今日もいそいそと遊びに繰り出す。

赤ちゃん連れの移動、特に地下鉄は決して楽ではない。まずエスカレーターの普及率が低いし、あっても故障していることが多いのだ。階段で見知らぬ人が手を貸してくれることもあるが、人気がない場所では嫌でも自分一人で「ベビーカー＋子ども」を持ち上げ、運ぶはめになる。また、改札ではベビーカーが通れる扉の鍵を、いちいち窓口にお願いして開けてもらわなければならない。ジルの場合は切符待ちの列を待たずに、大声を出して堂々と開けてもらうという図々しい技を編み出したが、私にはなんとなくそれができない。小市民らしく切符待ちの長蛇の列に並ぶのが常だ。ジルは、「駅員はボタンを押すだけなんだから、そんなことで並ぶのは変」と主張するが、どうなのだろう。

さてそんな苦労をして出かける先は、たいていが美術館。平日は空いているし、椅子やトイレもすぐあるから、子連れ狼にとって有り難い場所だ。ルーヴル、オルセー、ポンピドゥー、グランパレといった王道から順々と制覇していく。しかし子どもがちょっとでもぐずり出すと周りが気になるので、優雅に作品鑑賞はできはしない。それでも冷や汗をかきながら、ほんの三分だけでも自分の気に入った絵の前でぼーっとできたら、それで大満足なのだ。

13　子どもが生まれたし、治安が良いところへ

私たちの住まいはメトロ一三号線ブロシャン駅近く。商店が多くて便利だが、夜は目つきの悪い人たちが路上で群がっていることもある。子どもも小さいことだし、そろそろ治安が良いところへ移りたい。

そこでジルは友人、知人にアパート情報を募り始めた。一方、私は不動産屋をまわり始めたが、子ども連れでは数がこなせない。そこで電話帳を握りしめ、片っ端から不動産屋に電話するという手段に変更した。三〇件くらい電話しただろうか、ようやくとある不動産屋が、条件に見合う物件があると教えてくれた。

翌日、すぐに物件を見に行った。場所はパリに隣接するブローニュ市。足を踏み入れたこともない地区だが、環境の良さで一目惚れした。「スノッブな地域は冷たくて嫌い」と言っていたジルも、実際に物件を目にし、陽当たりの良さに惚れ込んだ。二週間後には不動産屋から正式に了承の返事も来た。ジルと歓喜して飛び上がったが、問題がひとつ。一〇日後に引っ越し

するため、今住んでいるアパートに入居できる人を緊急に探さないと、無駄にお金が飛んでいくことになるのだ。しかし日本人街にアノンスを掲示したことで、幸いすぐに日本人の女の子の入居が決まった。

行き当たりばったりのアパート探しだったが、これにて決着。新居はちょっと広くなるので、ミラものびのびと歩く練習ができるだろう。

14　娘と消防署の救助車に乗った

引っ越しが済み、所狭しと積まれた段ボールがすっかり消えたころである。ある朝、ミラに四〇度近い熱があるのに気がついた。ちょうど午前中にＰＭＩで定期検診があるので、一緒に医者に診てもらうことにする。医者は診察後、「単なる風邪からくる熱ですから心配しないで」とだけ言い、熱冷ましの処方箋を書いてくれた。

帰宅後、早速熱冷ましを飲ませる。続けてミラは大好物のバナナを食べ始めたのだが、突然、立ったままの姿勢で後ろに倒れてしまった。びっくりしてミラを見ると、小さく「うーん」と唸ったきり、意識がなくなってしまった。急いで、壁に貼っておいた消防署の番号一八に電話する。以前、陣痛で緊急事態となったら、救急車か消防署の救助車を呼べと聞いたことがあったのを思い出したのだ。度を失って声が震えてしまいながらも、なんとか電話で状況を説明。だがどうしても自宅のドアの暗証番号が思い出せない。「とにかく家まで来てくれ」と伝え、待つこと二、三分あまり。本当にあの真っ赤な救助車が家の前に停まり、大男が五、六人もやって来たのだった。

そのころにはミラも意識を回復し、部屋の真ん中でキョトンとして座っていた。たった一人の赤ちゃんを大男らが取り囲んでいるのは珍妙な光景でもあった。そして検査のため、病院まで救助車で送ってもらうことに。

フランスで娘と消防署の救助車に乗る日が来ようとは、夢にも思わなかった。

15　入院生活が始まった

高熱から突然意識を失い、病院に運び込まれたミラ。検査の結果は尿路感染症という病気で、入院が必要だという。案内された個室の中央には、高い柵付きのステンレス製幼児用ベッドがあった。どこか動物園の檻を連想させる。いつも私と添い寝をしているミラは、このベッドではきっと寝られないだろう。看護婦には、私と一緒に大人用のベッドで添い寝させてくれるようお願いしたが、フランスでは添い寝の習慣がないためか渋い顔をされる。しかしなんとか夜だけということで、お許しをもらえたのだった。

ミラはその後も高熱が続き、何を飲んでも食べてもすぐに吐いてしまう。自慢の二重あごがあっという間にやせこけ、顔が縮んで見えた。私は心配のあまりいっときも娘の側を離れられないから、お風呂にも入れない。日中は学校に通うジルは、朝と夕方に見舞いに来て、着替えと食料を運んでくれた。彼も、誰もいないアパートに帰り一人寝るのは、寂しかったという。

四日目の昼、ミラの熱が微熱程度になったので、ようやく退院の許可がおりた。だが喜びも束の間、病院からは恐ろしき額の請求書が。非情な請求書を覗き込み、ジルと一言、「やっぱりミュチュエル（相互共済保険）に入ろう」。ちなみに、恐れていた消防署の救助車の請求書は、ついに送られてこなかった。救急車と違い無料なのだろう。

16　託児所はかわいそう？

映画やテレビで見る限り、子守りは楽そうな仕事だ。赤ちゃんはベッドで寝ているか、ママが読書をしている横で一人遊びをしていたりする。だがそんなイメージは虚像だった。娘と一緒だと自分のことはできない。読書なんて論外だ。後追い期にあるミラは、私の足にコアラのようにぴったりくっつき離れない。自分がユーカリの木にでもなったような気がして面白いが、これが四六時中だとうんざりする。私は家で原稿を書くことが多いが、日中は娘のコアラ攻撃を受け、とても仕事に手がつけられない。しかもミラは昼寝の時間が短い。となると夜中に仕事となるが、体力的にきつい。そこで頭に浮かぶのが託児所だ。

以前パリで市役所に託児所の申請に行き、「一七区は特に競争率が激しい。まず無理」と言われたものだ。ブローニュ市も状況はあまり変わらないとは思ったが、このまま仕事ができないのは、極貧者のジルの給料を当てにできない身としては辛い。フランスでは小さな子を託児所に預けるのは日本よりも抵抗がないようで、ジルも託児所には賛成だ。

早速、近所の託児所のリサーチを開始する。その後日本の母から、「幼い子に託児所は可哀想」とのメールが届く。だが私は幼少時、いつも首から鍵をぶら下げた鍵っ子だったのだ。それで不幸だった記憶もない。遠くから言いたいことを言う母のメールはちょっと勝手に思えたが、これも孫可愛さなのだろう。

コラム……母乳は職場復帰の足かせ？ 周囲からの「卒乳圧力」

フランスは欧州でもっとも母乳育児率が低い国。二〇〇二年の保健省統計・評価調査局によると、産院を出た直後の母乳での授乳率は五六・二％だった。

一方北欧の女性は母乳育児に積極的であり、ノルウェーとスウェーデンはともに九九％。近隣諸国を見てもイタリアで八五％、ドイツで七五％、イギリスで六九％と、やはりフランスの低さが際立っている。さらに出産後三ヵ月のフランス人ママのうち、約七割は早々と母乳をやめてしまうのだとか。

この母乳育児率の低さは、フランスが生んだフェミニズム思想と深い関係があると指摘される。とりわけ六〇年代はウーマンリブ運動に火がついた時代。女性の社会的自立の気運が醸成したことで、「母乳育児＝女性を家に縛りつけるもの」と考える女性が現れたのだ。現在でも出産後の職場復帰は女性にとって「当然の権利」であり、母乳育児は職場復帰の足かせになるからと、早々とミルクにきりかえる女性が多い。また授乳によって胸の形が崩れてしまうことを気にする女性もいる。母親になっても、男性から女性としても魅力的でいつづけることを強く望まれる、フランスらしい傾向かもしれない。

　私は二〇〇三年にフランスで出産したが、頼まなくとも担当医が粉ミルクを処方したときは、「卒乳は義務?」と少々違和感も感じた。おそらく担当医は働く母が楽になるようにと親切で処方したのだろうが、自宅勤務の私には必要の

ないもの。こういった周囲からの「卒乳圧力」をじわじわと感じ、子どもが一歳を過ぎるころからは、まわりに母乳を続けているとはいえない雰囲気があった。

　しかし近年は変化の兆しが。緩やかながら母乳育児率が上昇傾向にあるのだ。エコ文化の隆盛が母乳育児と相性がよいため、授乳を前向きにとらえる女性が増えたのだろうか。二〇一一年末は有名女優のマリオン・コティヤールが、アメリカのレストランで人目を気にせず授乳をしたことが一部で批判され、話題になったが、マリオンもまた圧力を気にせず、母乳育児を積極的に楽しむ新世代のママのようだ。

♪♬♪

17　託児所が見つかった

ブローニュ市の市役所管轄の家族局（direction de la Famille）で、託児所の申請をする。選択肢としては、公の場所で大勢の幼児を預かる共同託児所（crèches collectives）と、ＰＭＩ（母子保護センター）が認可した保育士が自宅で少数の子どもを預かる個人託児（crèches familiales）があった。私はミラの周りに子どもがたくさんいた方が良い刺激になると思い、共同託児所を希望する。希望は週五日保育だが、「空きがあれば週三日でもよいか」と聞かれ、もちろん「ウイ」と答えておく。

その後、市内にある他のタイプの託児所へ偵察に出かける。例えば、親同士の連帯で運営される非営利の託児所（crèches parentales）、専業主婦が子どもを週二〇時間まで預けられる公立の保育園（jardins d'éveil municipaux）などがあった。精力的にミラと一緒に訪問をしたが、「忙しい」と戸口で追い返されることも多かった。どこも事務担当の人など雇わず人手ぎりぎりの運営で、突然訪問の相手をする暇などないのだった。自分の軽卒さを反省しつつも、「誰々宛に手紙を書くように」とか「〇月に申し込みをすれば大丈夫」という情報が得られたのは心の支えになった。

それから一ヵ月ほどして市から、共同託児所で週三日の託児が可能との手紙が届く。思いがけず早い返事に、ジルと手を取り喜んだ。だが、甘えん坊のミラが本当に託児所に慣れることができるのか、不安が頭をもたげてきた。

18　日本語を好きになってほしい

海外で子育てをする親にとって、言葉は大きな関心事のひとつだ。先輩パパ・ママの中には、子どもにあえて日本語を教えないという潔い人や、反対に日仏英のトリリンガルにしようと目論む志の高い人もいる。私の場合は、子どもに母国語で話しかけることが気持ちの上で自然だったため、誕生以来そうしてきた。ジルは当然フランス語で話しかけるので、娘の日仏語の理解度は互角になっていた。

だが託児所生活が始まり、日中は言語環境がフランス語主体になったため、ミラの頭がフランス語優勢に傾いてきた。だからなるべく日本語に親しんでもらえるよう、童謡のＣＤや子ども番組のＤＶＤで歌って踊り、絵本の読み聞かせをするのが日課となった。子どもの「もっと」の声に応え、出産で蓄えた脂肪に無理をきかせ踊り続けていると、子育ても立派なサービス業だと思い知る。

童謡の歌詞を知るのに便利なサイトもあり利用した。絵本は文化センターのエスパス・ジャポンや在仏日本人会の図書室で借りたり、パリの日本人向け本屋やアマゾンなどのサイトを通して入手した。本選びには絵本ナビというサイトが役立った。久々に足を踏み入れた絵本の世界は、私自身もその豊かさに心が踊るものだった。このまま楽しみながら、少しずつ娘が日本語を好きになってくれればと願う。

19　託児所の雰囲気になじんだ

託児所には、新しい環境に投げ出される子どもたちに、なるべく不安を与えないための配慮があった。例えば、託児時間を段階的に増やす「慣らし保育」の期間を、二週間とたっぷりめにとってあること。この間、親が子どものそばについて、仲間とお菓子やお昼を食べたり、お昼寝ができるよう手助けをしてあげるのだ。また、家族の写真が入ったミニアルバムや、いつも使っているおしゃぶり、ドゥドゥ（doudou）と呼ばれるお気に入りのぬいぐるみも家から持ってくることになっていた。壁にはドゥドゥをしまうための、ポケットがたくさん付いた布

ミラの日本語は、徹底的な絵本の読み聞かせで上手になった気がする。

の壁掛けがあった。他の子はお気に入りのドゥドゥが決まっているのに、ミラは日によってお供するドゥドゥが違っていた。移り気なのか、本命であるアンパンマンのぬいぐるみだけでは、どうやら満足できないようなのだ。いったい誰に似たのだろう。

そして親にとっては、託児所に小児科の先生、心理カウンセラー、運動療法士らが定期的に来てくれるのも心強いことであった。こうして、ミラは親切な保母さんと小さいお友だちに囲まれ、スムーズに託児所の雰囲気になじんでいった。

ただし最初の二ヵ月間は、毎朝バイバイする度、儀式のように大泣きしてしまうのには困ったものだ。そんな姿を見ると、私も家で仕事中に、思わず娘の写真を眺めて過ごしてしまうのだ。我ながら馬鹿な親だと思ったのだが。

ミニ・インタビュー……フランスのドゥドゥ（ぬいぐるみ）文化を斬る
～ぬいぐるみデザイナーに話を聞く
「『何かを失う』という経験は人生の一部分」

ドゥドゥ（doudou）とは心理学者によると、「過渡期の対象（objet transitionnel）」と考えられ、幼い子どもを安心させてくれる物を指す。一般的には、「お気に入りのぬいぐるみ（兼タオルになっていることも）」であり、社会的にもかなり認知されている。託児所には、子どもが家から持ってきたドゥドゥの専用カゴを備えることも多い。だが一体、ドゥドゥはフランス的な文化といっていいものなのか。パリで一風変わったぬいぐるみのデザインを手がけるマリさんに話をうかがった。

©Pooki&Co 2006

――マリさんが手がけるぬいぐるみは斬新です。例えば看板キャラクターのPooki（プッキー）は、ブタにもネコにも見えますね。

「どうぞ、自由に発想してください。Pookiという名前も、響きが良いのでタイ料理のスープの名前からとっただけです。フランスは論理的な国ですから、『これは何？』と聞きたがる親が多いようです。アメリカで販売した時はそんなことはありませんでした。でも国籍を問わず、子どもはいつもありのままに受け入れてくれますね」

――どこの国でも子どもはぬいぐるみが好きだ

とは思うのですが、それでもフランスは特にドゥドゥ文化が強いといえますか。

「はい。人気の高い児童心理学者フランソワーズ・ドルトが、ドゥドゥの意味に言及したことで、文化を後押ししたところもあります。基本的には、女性の社会進出の問題に大きく関わっています。フランスでは働く女性が多いですから、子どもにぬいぐるみを与え、母親の不在を埋めようとする面を否定できません。母が子を背負い、肉体的にも親子が密着していられるアフリカ地域では、ドゥドゥ文化はほとんどありません」

――以前、私の娘が通学路でぬいぐるみをなくしたのに平然としていて、内心「薄情な奴」とガッカリしましたが、今のお話を聞くと、無理してぬいぐるみに感情移入させる必要はないことに気づかされます。

「私はぬいぐるみに過剰な愛着を持ちすぎるのは奇妙に思えます。ぬいぐるみはしゃべりませんし、親の愛情の肩がわりにはなり得ません。それに『何かを失う』という経験は、人生の一部分でもあります。失うことの意味を親が教えてあげることが大切なのです」

――親の役目をぬいぐるみに押しつけ過ぎないように気をつけなければなりませんね。テディベアを手放せないMrビーンのような大人になっても可哀想ですから（笑）。本日はありがとうございました。

マリさんのブランド Pooki&Co
www.pookiandco.com

♪♬♪

Saison2

家族の転機

（1歳～4歳）

1　託児所の弊害？

毎朝、託児所で娘が泣いてしまうという話を先輩ママに話した。すると、「そのうち向こうからバイバイするようになる。その態度を見て、逆に薄情だと思う」とのことだった。最初は半信半疑だったが、託児所に預けて三ヵ月目には本当に泣くことが減り、向こうから手を振るようになる。半年目には、託児所についた途端、私の腕をすり抜け、玩具をめがけ一目散に走り出すように。こうなると思わず、「薄情な奴め」と心の中で呟かずにはいられない。しかし、あんなに甘えん坊だったミラが、周りから刺激を受け、成長していく姿を見るのは嬉しい。一人遊びに集中したり、友だちと一緒に遊べるようになったのも、託児所のおかげだ。日本に根付く「三歳児神話」（子どもは三歳まで母親の手で育てないと、人格形成に悪影響を及ぼすとする説）をまったく心配しないといえば嘘になるが、今のところ弊害らしきものは見当たらない。

だが、しいて不満をあげるなら、託児所で私は「ミラのママ」としか呼ばれないことか。たとえ子どもが主役の世界であっても、はじめから自分の本名が必要とされない世界の存在に、違和感を感じてしまったのだ。そのちょっと物寂しい思いをジルに告げると、「考え過ぎ」と一笑される。だが、ほどなく数人のママ友から、託児所で自分の下の名前を覚えて呼んでもらえるようになり、ようやくホッとしたのだった。

ルポルタージュ……シュタイナー教育を実践するパリの託児所

パリ市内で唯一シュタイナー教育を実践している私立の託児所「Le jardin d' Eglantine à Paris」を訪ねた。現在ここに通う子どもは二歳児クラスに一三人、三～五歳児の混合クラスに一六人。フランスはもちろん、ヨーロッパ近隣諸国、アメリカ、オーストラリア、レバノン、フランスと中国のハーフとさまざまな国籍の子が通う。残念ながら園の方針で子どもたちの様子は見学できなかったが、園長先生が園内を丁寧に案内してくれた。

メインの遊戯室に入ると暖かい雰囲気に体が包まれる。まるで童話に出てくる森の小人たちの部屋のよう。松ぼっくりや貝殻、毛糸のぬいぐるみ、木製のパズルや自動車と、天然素材の玩具が集められる。先生のお手製のものも多い。そしてついたてには、優しい色使いの木綿の布がかけられている。「子どもたちはこの布をマントや敷物に見立て、自由に遊びます」と先生。

壁に目をやると、濡れた画用紙の上で描く「にじみ絵」と呼ばれる水彩画が展示されている。シュタイナー学校が取り入れていることで有名な画法だが、淡い色彩が輪郭のないままにぼんやり広がっている絵は、眺めていると夢心地に誘ってくれる。

この空間で子どもたちは毎日どんなことをしているのだろう。「曜日により定められた活動があるのです。月曜は菓子作り、火曜はデッサン、水曜は粘土、木曜は音楽、金曜はお話を聞きます」。また特別なお遊戯として「ライゲン(ronde)」というものがある。これは子どもたちが輪になり、季節の詩や歌などに合わせイメージを体で表現していくもの。「例えば、今日は〝砂浜〟がテーマなら、子どもたちは熱い砂浜の上から徐々に海に入り、泳ぐまでを体現します」。

シュタイナー教育においては、歯が生えかわる七歳以前は健全な体と感性の発達に重点を置き、文字や数などの知的なことは教えない。そのかわり自然の物が持つ美しさや四季の移ろいといった本質的なものに目を向けさせる。子どもたちは目の前に溢れる自然から生命力をたくさん吸い込み、心身とも健やかに育っていくのだろうか。

さて、以前ある本で、「シュタイナー教育では、幼児に直角は刺激が強いので、テーブルは丸テーブル、画用紙は四方の角を切り落としたものを使う」と読んだのだが、ここではそこまでは徹底されていない。「フランスは宗教から独立した学校を好む傾向があります。シュタイナー教育は特殊なため、一部の人からセクト呼ばわりされています。例えば画用紙の角を切るというようなことは、フランスの保護者の方からは反発を受けるかもしれない部分で、あえてそこまで徹底しません。現実を鑑みて、できるところから実践しています」とのこと。

この国においてシュタイナーの教育理念を掲げるのは、意外にも大変困難なことなのだそう。そんな状況下で四苦八苦しながらも、自分の信じる最良の環境を模索する先生の姿に、心を動かされた。

シュタイナー学校とは？

「芸術としての教育」を謳い、子ども個人を深く知り、自主性と才能の開花を手助けし、「真に自由な人間」を育てることを目的とする。一九一九年に教育思想家ルドルフ・シュタイナーが、ドイツのシュトゥットガルトに初めて創立した学校に端を発し、現在世界七八カ国に九〇〇のシュタイナー学校が存在する。子どもの成長を七年周期で捉え、教科書、テスト、クラス替えがほとんどないことでも知られる。小中高の一貫教育だが、託児所や幼稚園もある。

♪♬♪

2　一歳児、どこに連れていこうか

一歳児のお出かけは難しい。アトリエやスペクタクルを楽しむにはまだ小さすぎる。ベビーカーで寝る時間が多い赤ちゃんなら、たとえ本人が主体的に遊べなくとも、ママの気分転換も兼ね、行く先をもっと大胆に選べた気がする。最近パリでは、赤ちゃん連れ歓迎の映画上映会まであるのだから、便利になったものだ。

となると結局ミラには、公園や温水プールが定番のお出かけとなる。なるべく飽きないように、遠くの公園まで自転車で出かけたりもしてみるが、さすがに冬が来ると室内が恋しい。そこで、ゆっくり子どもと遊べる室内の遊戯施設を探すことにした。

するとあろうことか、家から徒歩三分の場所に、一二ヵ月の子どもから登録できる児童館(ludothèque)があった。灯台下暗し。場所はさほど広くないが、滑り台やマットレスの山もあり、良い運動にもなりそう。狭い我が家にはとても置けない山のような玩具も魅力。ミラはすっかり児童館が気に入り、土曜になると覚えたての歌の題にかけ、「オモチャのチャチャチャ(=児童館)に行く!」と訴えるようになった。

フランス全土の児童館（ludothèque）が探せる便利なサイト
www.alf-ludotheques.org/

3　心理カウンセラーに助けられた

ミラの態度で困ることがあった。自分の髪を多量にひっぱって抜いてしまうのだ。例えば、私が夕食の支度中、「今は忙しいから遊べないよ」と言った時など、不満そうに無言で髪をむしり始める。ジルも私も髪が薄い方なので、見ていて余計にハラハラする。思わず、「キャー、パパみたいに禿げるから止めなさーい！」と慌てて止めさせようとするが、効果はない。

そこで、託児所に週一回来る心理カウンセラーに相談してみることに。すぐに、「子どもがしかける罠にのらないこと」と諭される。つまりミラは、料理中の私の気をひこうと自分の髪をむしるのだ。そんな彼女の態度に私がすぐに過剰反応すると、それは子どもの思うつぼ。「ママの驚くのが楽しくて、せき込む癖のある子までいる」のだとか。大切なのは言葉による説明。たとえ子どもが一歳だろうと、「料理が終わってから相手するからね」とはっきりと説明するのだ。このフランスの言葉重視の傾向は、有名な心理学者フランソワーズ・ドルトの影響が大きいだろう。日本では、何も言わずに抱っこする方が、しっくりする時もあるものだが。

その後、ハゲになりそうなミラの頭を心配しつつ心理カウンセラーの助言を守って行動したところ、二週間目には、ミラの困った態度はすっかり直ってしまったのだった。

コラム……フランスに子育て革命をもたらしたドルト

子どもを「一人の人格ある人間」と認めること

フランスでは知らない人はいないと言ってよいほど、国民的な知名度を誇るフランソワーズ・ドルト。彼女は優秀な精神分析医であり、特に子どもへの精神分析治療に多大な成果をあげた研究者だ。しかし、大上段から一般市民を見下ろすような、偉そうな知識人とは全く違っていた。例えば、ラジオで育児相談番組『子どもが登場するとき』の回答者として活躍していた時、毅然としていながらも愛のある明瞭な語り口で、国民に圧倒的な支持を得たことは、広く知られるところである。著作は多々あり、先述のラジオの育児相談番組を書き起こしたベストセラー本から、一般人にとっては少々難しい専門的な論文まで、硬軟入り交じりつつ幅広く存在している。

彼女の教えを一言で表現するとしたら、「子どもを一人の人格ある人間と認める」ということだろう。

思い起こしてみてほしい。私たち大人は普段、無意識のうちに、子どものことを「大人になる前の未完成な存在」と見なしてはいないだろうか。あわただしく子育てに日々追われる中では、多くの親にとって、子どもの意見に耳を傾けてあげることなど、なかなかしにくいのが現実だろう。だがもしかすると、「教育」や「しつけ」といった数々の大義名分を掲げることで、大人社会の勝手なルールを、子どもに一方的に押し付けてしまう時もあるのかもしれない。

特にフランスは「大人社会」と言われ、子どもと大人の世界の境界線をはっきりと線引きしたがる国だと指摘される。そのような傾向が優勢なフランスにおいて、ドルトは、子どもを「一人の人格ある人間」だとはっきりと認めてしまった。ここが実に画期的だった。

赤ちゃんでも言葉で説明する

フランスの子育ての現場において、いかに彼女の教えが浸透しているか、私の体験を通してご紹介したい。

娘が一歳過ぎの頃。当時私は娘を公立の託児所に預けていたのだが、ここでは週に一度、子ども専門の心理カウンセラーが、悩める新米パパ&ママの相談を受けるため来診に来ていた。その頃私の娘は、自分で髪の毛を引っぱり大量に抜く癖があった。私が驚いて「ハゲになるからやめて〜!」と動揺する姿を見せると、さらに淡々と髪を引っぱり続けていた。

そこで、早速カウンセラーさんに相談したところ、開口一番、「どんな小さな子どもであっても、言葉で説明するのが大事」と諭された。そして、子どもが仕掛けた罠にのって過剰反応をしてしまっては、子どもの「思うツボ」だと言うのだ。

私の娘の場合は、特に夕食を準備している最中など、相手をしてもらえない不満を表すためか、よく無言で髪の毛をブチブチやっていた。そのような時でも例えば、「今、あなたとママが食べるお料理を作っているのよ。相手をしてほしいのはわかるけど、髪の毛を抜いても、それは変わりません。料理ができてからお相手するからね」というように、毅然とした態度で説明するのが良いのだという。

私はというと、「まだ小さいからわからないのでは？」と半信半疑だったが、一応その後はアドバイスを守ってみた。すると二週間目には、娘の困った態度はすっかり消えてしまった。

この時の心理カウンセラーのアドバイスは、まさにドルト流といえる。それは、どんなに小さな子どもでもすでに立派な「言語的な存在」であることを、きちんと認めてあげることなのである。

例えばドルトの本を読むと、赤ちゃんが掃除機やトイレの水の音を怖がったのならば、子どもを抱いて「あなたの嫌いな音はね、あれは掃除機の音、あれはトイレの水の音よ」と、物の名前を言いながら一緒に見て説明することが大事なのだと訴えている。生後一、二週間の小さな赤ちゃんであっても、それは全く変わらない。

フランスで子育てをしている私自身も、ドルト流の語りかけが至る所で実践されていることを感じてきた。娘が通う託児所でも、小さい子に対して一人の人間としてきちんと尊重しながら語りかけ、状況説明をしている保母さんが実に多かったものだ。私は興味を持って、何人かの保母さんにドルトについて聞いてみたことがあるが、みなドルトの本を読んだことがあると答えていた。

子どもは「神様からの預かり物」

残念ながら、日本ではフランソワーズ・ドルトの名前は、一般にはあまり知られていない。しかしドルトの思想は、今こそ日本のママたちにとって、大いに参考になるところがあるのでは、と私は考える。

現在の日本は特に少子化ということもあり、一人っ子の家庭が多く、子ども一人の肩に背負わせる期待値がとても高いものになっている。ともすると、親は子ども自身の欲望の息吹に耳をすますことよりも、「こうなってほしい」という親自身の願望を、子どもに色濃く投影しがちになる。自分の子どもの成長を喜び、期待をするのは大変良いことだが、親の欲望が子どもの欲望を覆い隠し、子どもをコントロールしようとしてしまうのなら、問題かもしれない。

我が身のことを振り返っても、ついつい親として、一人っ子である子どもに対し、自分の願望を投影したくなる時があるような気がする。例えば、私の娘はダンスや歌が好きだが、私は踊ったり歌ったりすることがまるっきり苦手だ。だから娘が「ダンスやコーラスを習いたい」と言った時、本音を言えば、私自身がより興味を持っている絵や演劇を習い事として選んでくれれば良いなあ、などと思ったものだ。

しかし現在、娘は大好きなダンスとコーラスを習いに、パリのコンセルヴァトワール（公立の芸術学校）に熱心に通っている。どうも、「蛙の子は蛙」ではないようだ。ドルト的に言えば、子どもは「神様からの預かり物」。時に親は口を出したくなるのをぐっと我慢して、本人の意志を尊重することも大切なのだろう。

ちなみにドルトの息子は、子ども用の歌を歌うコミカルなアーティストとしてフランスで一世を風靡した。それもドルトの信頼教育の恩恵に預かった息子が、すくすく育って見事に才能を伸ばした結果なのではないだろうか。

potographie:Archives Françoise Dolto

ドルト関連の書籍は日本語でもかなり存在する。まずはラジオの育児相談番組『子どもが登場するとき』を書き起こした書籍が、『赤ちゃんこそがお母さんを作る』『ほんとうのお父さんがいたのよ』『子どものことは子どもの責任で』（みすず書房）というタイトルで、全三巻出版されている。また、ドルトが幼年時代を振り返った『少女時代』（みすず書房）は、動乱の時代のパリを生きた聡明な少女の成長譚としても読める一冊。全編様々なイメージが豊かに喚起され、精神分析云々を抜きにして、ただ宝箱のように美しい感動的な一冊と言える。そして、ドルトの思想を講義形式でまとめた『ドルトの精神分析入門』（誠信書房）は、彼女の思想や人となりを俯瞰する入門書として便利なものだ。是非ご興味をもたれた方は、これらの作品を手にとってみることをおすすめしたい。

ミニ・インタビュー……**ドルト資料館スタッフに話を聞く**

「ドルトの名前を知らない人も何かしらの影響を受けている」

子どもへの精神分析治療の研究で名高いフランソワーズ・ドルト。二〇〇八年には生誕百年ということで、メディアもこぞって特集を組んだ。今回はドルト資料館のスタッフ、ソフィーさんに、初心者向けレクチャーをお願いした。

——ドルトの思想の核となるのはなんですか。

「『子どもも一個の主体性を持った人間である』ということでしょうか。しかし彼女の思想を曲解して、『子どもを王様のように扱う』ことと勘違いしている人も多いので、注意して下さい」

——フランスでは、保母さんの対応からもドルトの影響を強く感じる気がしますが。

「七〇年代に、彼女がラジオの子育て相談番組『子どもが登場するとき』を通し、大衆的な人気を得たのが大きいです。今ではドルトの名前を知らない人でも、自然に何かしらの影響を受けているとさえ言えます」

——ドルトが提唱した保育施設「緑の家」とは？

「〇～三歳位までの子どもとその親が、自由に集える娯楽と出会いの場所で、現在はフランスを中心に世界約三百カ所にあります。家庭と託児所の中間に位置し、狭い世界に閉じこもりがちな子育て中の親子を、スムーズに社会に溶け込ませるという目的があります。スタッフには心理カウンセラーがおり、予約も必要なく匿名で利用でき、利用料も気持ち程度です」

——日本には「公園デビュー」という言葉がありますが、「緑の家」のように、肩肘張らずに社会にママデビューできる場所がもっとあってもよさそうです。最後におすすめのドルトの著作は？

「まずはラジオ番組『子どもが登場するとき』の書き起こし本でしょう。また『Tout est langage』『Dialogues québécois』『La Cause des adolescents』など、読みやすいものが多いですよ。『L'image inconsciente du corps 無意識的身体像』（邦訳は言叢社）だけは専門用語が入り難しめですが、彼女の生涯の仕事の集大成であり、最重要の本。実は私もすべてを理解しているわけではありませんが、彼女の本は読む度に発見があります。ちなみにドルト本は世界二五カ国語で翻訳されているのに、英訳はほぼ皆無。出版社の都合があるようです」

——やはり世の中、子どもより大人の都合の方が厄介ということでしょうか。本日はありがとうございました。

♪♬♪

ドルト資料館のサイト

http://www.dolto.fr/archives/siteWeb/index-fr.htm

ルポルタージュ……**乳幼児の社会デビューをお手伝い、子育て支援の場「緑の家」**


フランス人の子育て観に今なお多大な影響を与え続ける精神科医フランソワーズ・ドルト。彼女のイニシアチブのもと、一九七九年に誕生した子育て支援の場が「緑の家」だ。今回は実際に見学にうかがうことに。

「エマ、よく来たわね！」。スタッフのアンヌ＝マリさんが迎えたのは、扉を開け入ってきた親子だ。声をかけるのはヨチヨチ歩きのエマちゃんの方。付き添いのママではない。「子どもを人として尊厳を持って接する、ただそれだけです。ドルトからは、『あなたの方法で毎回子どもとの関係を発明して』と直接教えられたわ」。子どもにこびるような猫なで声は、ここでは使われない。室内用三輪車で侵入禁止の線を越えようとする子どもには、「この線を越えるか決めるのは、運転手のあなた自身よね」と優しく諭し、押されて泣く子どもには、「あなたのママに話してくるといいわ」と、共感し話しかける。幼児との間には、ただ一対一の健全な人間関係がある。

ここは〇歳から三歳までの乳幼児が社会性を学ぶ「ならしの場」だ。予約なしで訪問でき、料金は気持ち代（平均二ユーロ）のみ。スタッフに伝えるのは子どものファーストネームだけ

でよく、匿名性がしっかり守られる。日替りスタッフの多くは心理カウンセラーの心得がある人ばかり。子どもたちは家族が近くにいるという安心感の中で他者と出会い、社会を体験できる。そしてそれこそが「緑の家」の存在意義である。だから親が子を置いて出かけることはできない。「ちょっと銀行にというのもダメ。トイレは許してあげますが（笑）」。利用は三度目というアリーヌさんは、来る度に孫の成長が実感できるという。「最初は私の傍らを離れなかったけど、今日はほら」。孫のグエナくんは笑って他の子どもを追いかけていた。

La Maison verte **緑の家**
13 rue Meilhac　75015 PARIS　01.4306.0282
月-金14h-19h・**土**15h-18h30
www.lamaisonverte.asso.fr

4　添い寝で日仏の文化ギャップ

添い寝をするか否か、それが問題だ。日本では幼児が親と寝ることは自然な光景に見える。狭い住宅事情を差し引いても、親子が川の字となって寝るのが好きという積極派も多いと思う。

一方、大人と子どもの世界をきちんと線引きするフランスでは、幼い子でも一人でベッドに寝るのが基本。だがミラが〇歳の時は、「布団に埋まって窒息するかも」「お腹が出ると風邪をひくかも」と私が過剰に心配し、一人で寝させられなかった。また夜中の授乳時にミラを柵付きベッドから出すのも面倒だったし、なんといっても私が単純に添い寝が好きだった。そしてそのまま、「もう少したてば、どうせ自分で勝手に寝てくれるだろう」と、優雅に構えていたものだ。

ところが予想に反し、ミラは一歳半、二歳、二歳半と大きくなるにつれ甘えん坊度がアップしていき、一人寝はますます無理になってきた。私の優柔不断な態度が、このような状況を招いたのだろう。ジルはミラに寝場所を奪われ、「僕たちはもうカップルじゃない」とすっかりご立腹。このままでは家庭崩壊も目前。周りに相談しても、ジルに同情的な意見が目立つ。しょうがないので現在は、ジルに理解を求めながら、ミラには「三歳になったら一人で寝よう

日仏で文化ギャップのある添い寝問題、思えば我が家の場合は深刻だった。

ね」と、毎晩語りかけ作戦を実行している。これが最良の方法とは思わないが、迷いながら日仏の文化ギャップを埋めていくだけだ。

5　オムツはいつ卒業？

ミラが二歳になり日本へ一時帰国した時のこと。母はミラの大きなお尻を見て「まだオムツ？」と顔をしかめた。私は幼稚園入学前、つまり三歳半になるまでに取れればいいと考えていたので、母の反応に驚いた。だが焦らせるのも面倒なので、自分のペースを守ることに。

そういえばベビーカーも、日本人ママの方が早くやめさせるようだ。フランスだとベビーカーに乗った四、五歳くらいの子とすれ違うことも珍しくない。ミラの場合は自分から歩きたがったので、最近は遠出以外、ベビーカーの出番はない。その方が私もうれしい反面、忙しい時は「ベビーカーなら早く着くのに」と、意地悪な気持ちもこみ上げる。でもここは我慢。なるべく子どものペースを尊重する心の余裕が大事なのだろう。

というわけで、都合がいい時のみフランス式（＝赤ちゃん卒業を焦らない）を踏襲する私だが、最近ついに託児所でオムツ卒業に積極的に手を貸すようお達しが出た。しょうがないので重い腰をあげ、家でも訓練開始だ。しかしミラは託児所だと一日中パンツだけでいられるのに、家に帰るとお漏らしをする。昨日も布団の上でご失態。日本なら太陽の光で布団を乾かすが、わが町では景観を乱してはいけないとかで、外に向かって布団は干せない。娘のお漏らし布団をポカポカのお日様に向かって干すのが楽しみだった私としては、ちょっと味気なくもあるのだ。

6　飲み物にパンを浸して食べる

食事に関する習慣は、すぐに変えられるものではない。だからフランス人のジルと日本人の私の間で、食事中、時に対立が起きるのだ。

たとえば、ジルはぶどうの巨峰の粒を皮ごとのみ込むが、私は皮や種は絶対に取る。だから私はミラにも皮と種を取ってから実をあげるが、その様子を見てジルは、「種は体にいいのに」と説教を垂れる。また、フランス人はパンを飲み物に浸して食べることが多いが、ジルもその例にもれない。以前、彼がパンをラーメンに浸し嬉しそうに食べていたのを目撃したこともある。最近はミラもパパの真似をし、飲み物にパンを浸して食べたがるが、その度に洋服も汚れるため、内心私は面白くない。

さらに他の例もある。日本人はいろんなものを一緒に食べるのが好きだが、フランス人は一品一品別々に食べたがる。だから、ジルが白いご飯を全部平らげた後におかずを食べるのを見ると、私としては納得がいかない。「ご飯とおかずが混ざり合うのが美味しい」という訴えも、聞く耳を持ってもらえない。ミラも最近、白いご飯だけを先に食べたりするが、どうやらパパの影響のようなのだ。

このように日ごろからミラはパパ流・ママ流の間で引き裂かれ、少々気の毒である。とはいえ今のところ困惑する様子は見せていない。至ってマイペースに、必要に応じて自分の好きな方法を選択する彼女は、なかなかたくましくも見えるのだ。

コラム……食材は混ぜずに調理、バゲットで歯固めには心配

一般にフランスの離乳食は、生後五~六ヵ月ごろから野菜を中心に、ピュレ状にして与える場合が多い。定番メニューはニンジン、ジャガイモ、インゲン、ホウレンソウなど。ひとつの味をしっかり覚えさせようと、「一皿＝一食材」で与えるのが好まれる。日本のように多様な味や栄養を一度に与えようと、食材を混ぜて調理することは少なめだ。

現在我が娘は八歳になるが、白いお米とおかずを用意しても、味を混ぜずに頑固に別々に食べている。赤ちゃんの時の「味を混ぜない主義」が、いまだに尾を引いているのか？　と疑いたくもなる。

市販のベビーフードの主流は、「プティ・ポ(petit pot＝小瓶の意)」と呼ばれる瓶入りのピュレ。野菜や肉、魚はもちろん、パネ(中世によく食べられた野菜)やスムール(クスクスの原料となるセモリナ粉)入りなどもあり、実に様々な種類が揃っている。スーパーではプティ・ポ売り場の面積に驚くほどだ。出産後に職場復帰をするママが多いため、市販品を使うことに対し罪悪感を感じる雰囲気はない。私も働く母の端くれだったが、手作りの重圧を感じずに過ごせて助かったもの。日本ではわざわざ「手作り応援」と謳うベビーフードがあるが、どこか市販品を使う母親が、言い訳しながら使っているようで、気の毒な気もする。

またいかにもフランス的なのが「バゲット(baguette＝棒状のパン)」、いわゆるフランスパン。こちらでは食卓にパンは欠かせないが、離乳食後期の赤ちゃんにも、ちぎったパンの端っこを与えることがよくある。カミカミさせることで歯固めの役割を果たすという。しかし私の場合は、「餅をつまらせるご老人」「ゼリーをつまらせる幼児」という日本のニュースが記憶にあり、娘に固いパンを与えるのは、心配でできなかった。とはいえ、「フランスパンで喉をつまらせた赤ちゃん」というおそろしいニュースは、幸いにして一度も聞いたことはない。

♪♬♪

7　日仏どっちのパスポート？

二重国籍の娘はパスポートを二つ持っている。では日本に一時帰国する際、日本とフランスのパスポートのどちらを持っていけばよいのか？　答えは、二つとも携帯するべきなのだ。

先日の一時帰国の時のこと。娘ミラ用には日本のパスポートだけを持って飛行機に乗り込んだ。荷物を一グラムでも軽くしたいというケチな心からだ。問題ないと勝手に思っていたが、帰りの便で大変な目に遭ってしまった。乗り換えのモスクワで手続きをしていたところ、「こっちに来い」と別室に連れていかれた。そこでいきなりチケットとパスポートの没収。あ然として係員のオバさんに理由を聞いても、にらまれるだけで何も答えてくれない。ミラは疲れて泣き叫ぶし、出発の時間は迫ってくるしで、絶望的な気分になってくる。そして三〇分ほどして別の係員が現れ、急にチケットとパスポートを投げるように返してくれた。

これで一件落着だったのだが、腑に落ちない体験だったので、後日周りに聞いてみたところ、どうもミラが日本のパスポートと片道のチケットしか持っていなかったのが危ぶまれたようなのだ。フランスのパスポートを持っていれば、居住証明になったらしいのだが。その後大使館にも聞いたところ、「基本的に日本での出入国は日本のパスポート、フランスでの出入国はフランスのパスポートを使う」とのことだった。
母になってもう随分経つというのに、まだまだ軽卒さが抜けない自分を猛省した。

8　ママ友はできたけど

日本語に「ママ友」という造語がある。子どもを介してママ同士が友だちの時に使う。私もミラを託児所に預けてから、フランス人のママ友ができた。中でもミラと仲良しのギャスパーとルシールのママとは、かなり親しく付き合っていた。

だがある時、ギャスパーとルシールのママが大喧嘩を始めてしまった。そしてなぜかルシールママは、喧嘩のやりとりメールを私の家にまで転送してくるようになった。最初のメールを読むと、どうもギャスパーママがルシールママの義兄を誘惑し、大金を借りたが返さない云々といった内容だった。だが、私は続きが読みたくないので、次々来るメールをすぐに削除した。二人の争いは鎮まらず、託児所の責任者に知れ渡るほど険悪になるばかり。そのころには、私も争いにうんざりしていたので、ミラには悪いが、なんとなく彼女らとの付き合いを避けるようになった。

それでも、特にギャスパーママからはいまだに遊びの誘いが来る。その度に理由をつけて断るのだが、ついに先日電話口で、「いい加減にしてよ、近いうちに必ず電話して」と捨てぜりふを吐かれ、電話は切れた。日本人の私としては、「これだけ断っているんだから、ちょっとは察して」と思うのだが、フランスに以心伝心的思考回路はないのだ。こうして小心者の私は、はっきりとした態度を取れずに、今日も電話のベルに怯えるのであった。

9　三歳だ、お誕生日会を開こう

ミラももう三歳。初めて友だちを呼んでお誕生日会を開くことに。図書館から借りた子ども用のパーティ本なども参考にして、早速計画をたててみた。
①場所設定：フランスでは大公園でピクニック形式大パーティをする子も多いのだが、私には欲望のままうごめく無数の三歳児を世話する自信がないため、自宅ですることに。ただしウサギ小屋の我が家に呼べるのは四人が限度だ。
②時間設定：まだまだ昼寝が必要な三歳児。パーティは一五時ごろからのゆっくりスタートに。

フランスでは美術館、博物館、映画館、ボーリング場、お城、ファストフード店までもがお誕生日会の会場になる。お誕生日ビジネスは大きな収入源？

③招待状作り：ゾウさんの形にくり抜いた型紙にミラが絵の具を塗れば素敵な模様に。ミラに自分で作らせるというのがポイントだ。
④飾り付け：狭くて汚い我が家は、せいぜい風船を四方八方につけるのみ。外のドアにもつけるとお客様にも目印になる。
⑤余興：プロの出張マリオネット使いを呼んでいたリッチな誕生日会にも参加したが、うちは極貧につき、ジルと私が自ら紙芝居＆マリオネットをすることにした。
⑥料理：ケーキ作りはジル担当。得意のチョコブラウニーにロウソクをたてる。あとは果物など体にいいおやつを中心に出す。
⑦おみやげ：遊びに来てくれたお友だちにお返しを用意する。小さな袋にお菓子とオモチャを入れればＯＫ。
そして当日。ミラのお誕生日ケーキのロウソクを他の子が吹き消すハプニングもあったが、ふたを開ければ大成功。用意はちょっと面倒くさいが、来年も楽しみだ。

10　幼稚園の連絡帳に疑問

フランスの新学期は秋。ミラも九月から近所の公立幼稚園に通うようになった。ああ、うちのおチビさんもついに入園かあ、と感慨も深い。ところが初日は、入園式らしきものは何もなく、教室に子どもを送り届けてそれで終わりなのだ。あまりにあっけなさすぎるので、せめてもと建物の前で記念撮影をしてみるが、そんなことをする浮かれた親は、どうも私だけのようだった。

ミラも最初の二日だけは、見知らぬ人の中に投げ込まれる不安で、「ママ、行かないでぇ」と、床に転がり派手な泣きのパフォーマンスを披露していたが、三日目以降はすっかり慣れたもの。こっちを見てバイバイできる余裕も身につけた。

さてフランスにも連絡帳があるが、これが私には少々不思議な代物だ。連絡事項が盛り込まれた紙が、どんどんノートに糊付けされて増えていく。どうも資源の無駄にも思える。自分が子どもだったころの連絡帳には、もう少し先生の直筆メッセージなどがあった気がするのだが、こちらではパソコン打ちされ、コピーされた紙ばかり。個々の子どもについてのコメントがあるわけでもない。そして最後に連絡事項を、親が読んだかどうかサインをして返す。なんだか事務的で寂しい。もし日中の娘の様子を知りたければ、自分で機会を見つけて先生方に接近しなければならない。親の方も積極的に動きなさい、ということだろうか。

11 娘の日本語遣いに感心

ミラはフランスに住んでいる分、日本語との接点が日本育ちの子どもより少なめ。だから私が気をつけて、娘の見本になるような美しい日本語を遣わねばならない。そうは思うのだが、だらしない私は、ついつい楽な方へと流される。例えば、私はついつい「いいじゃん！」と「じゃん」付き言葉を使ってしまう。ミラはそれを聞くと「じゃんって言わないで」と怒る。なぜかと聞くと「可愛くないから！」。三歳の子どもに言葉遣いを直される親というのも情けない。しかし、じゃん言葉が美しくないことを、先天的に感じる鋭い言語感覚には、驚いてしまった。

またある夜のこと。ミラは世間一般の例に漏れず、夜はすぐに寝てくれない。ぎりぎりまで遊んでいたいので、理由をつけてはベッドに入ることを拒否する。それで私はあんまり腹が立ったので、「あんた、ママのいうこと聞かないから、もうぜーんぜん可愛くないわあ」と鬼婆顔で言ってやった。すると、一瞬ミラは静かになったかと思うと、ベッドに小さくうずくまり、「可愛いのに、可愛いのに……」と、背中を丸めて泣いてしまった。しまった、言い過ぎた。でも、ミラの「可愛いのに」の〈のに〉の正確な使い方に感心。いやいや、感心している場合ではない。あとから必死に謝ったが、打つ手なし。ささいな言葉で小さいハートは深く傷つくものなのだと、ダメ母の反省は続く。

コラム……幼児語から考える、フランスは子どもに甘い国？

私が住むフランスでも、日本と同様に子どもが使う特有の幼児語が存在する。代表的なものに「bobo（ボーボー）かすり傷」「dodo（ドードー）ねんね」「caca（カカ）うんち」「pipi（ピピ）おしっこ」などがある。同じ音の連続で構成される表現が目立つのは、単純に幼児でも発音しやすいからだろう。ただし子どもの口から発せられる幼児語は、それほどバラエティに富んでいるわけでもなく、日本よりも全体的に少なめな印象だ。

さて一方でこの国では、大人から子どもに呼びかけをする場合に、ここぞとばかりに愛情たっぷりな表現を好んで使っているようだ。それは日本人である私から見ると、時に甘ったるくて恥ずかしいと思えるほどだ。よく使われているのが動物を使った表現であり、「mon petit chat（モン プティ シャ）子猫ちゃん」「mon petit poussin（モン プティ プサン）ヒヨコちゃん」などが定番だろうか。町を散歩すれば、すぐにパパやママが子どもに向かって、「ヒヨコちゃん、車に気をつけて」などと、優しく話しかけている光景に遭遇できる。かく言う私も三歳になる娘がいるが、こんな国に住んでいる影響で、日本にいたら恥ずかしくて到底使わなかったであろう甘ったるい呼びかけも、フランス語だからだろうが、自然に口をついて出てしまうようになった。私のフランス人パートナーも、男性だからといって、そのような甘い呼びかけを躊躇するわけではない。娘の顔を見たら「la belle bouille（ラ ベル ブイユ）可愛くて丸いお顔ちゃん」と呼びかけ、ぎゅっと抱きしめている。そんな優しい言葉の花束に包まれることで、子どもの情緒も一層安定してくるように思えるのだ。

とはいえフランスが、普段から子どもにとびきり甘い国というわけでもない。例えばよく指摘されるように、子どもは赤ん坊の時から自分のベッドで一人寝することを余儀なくされる。またパパとママは子どもができた後も恋人同士でいることが大事でもあり、子どもをベビーシッターに預け、二人だけでデートをゆっくり楽しむ光景がよく見られる。

このように「子どもと大人の境界線」をきっちり引くからこそ、フランス人の子どもは大人の世界に憧れを抱きやすいのだろうか。背伸びをして、「自分も早く大人になりたい」と願うのかもしれない。それは「若さ」の前に無条件で平伏し、子ども文化を必要以上に祭り上げ、モラトリアム的に「いつまでも子どものままでいたい」などと願う人が多そうな日本との、大きな違いになっているようだ。

12　日系幼稚園の遠足に行った

昨秋よりミラは現地の公立幼稚園に入ったが、同時に日系幼稚園の土曜クラスにも通い始めた。入学してすぐに遠足があり、私は初めて子どもにお弁当とおやつを用意した。ちょうど一時帰国の際に買った日本のキャラクター付きお弁当箱があるし、お菓子も残っている。こんなに用意が良い母はあまりいないだろうと、内心鼻高々だった。

そして当日。遊園地で遊んだ後、お昼はみんなでピクニック形式でお弁当を食べる。ふと周りの親子を見渡すと……あれー？　示し合わせたように、大半の子どもが日本製の弁当箱&お菓子を持っているではないか。私は多数派だったのだ。右も左もMade in Japan。ここは日本？　ちょっと異様な光景だ。その辺で買える〈Lu〉や〈BonneMaman〉のクッキーで十分ではないか。ここまで一丸となり日本にこだわらなくてもと、反発めいた気持ちも沸く。

だがしかし、ともう一方の心がつぶやく。異国に住む母たちは、やはり日本とつながっていたいのだ。我が子に自分が懐かしく思うお菓子を、晴れ舞台にわざわざ用意する親心もけなげでないか。最初は違和感すら感じた日本人ママ軍団の哀愁漂うこだわりに共振し、奇妙な感動すら覚える昼下がりだった。

13　食い意地なら負けません

ミラは甘いものが大好き。時々、どうしてこんなに食い意地が張っているのかと驚いてしまうこともある。それは多分、ジルがミラには体に良いものだけを与えたいという思いから、ＢＩＯ（オーガニック）製品以外の菓子を買い与えなかったせいかもしれない。パーティに呼ばれて普通のお菓子を前にした時、ミラはここぞとばかりにお菓子を頰張る。その顔は頰袋を持ったシマリス並だ。おかげで仲良しのクララの家に遊びに行った時、ミラの食い意地を目にしたクララのパパに「食べ物を与えてないの？」と笑われる始末だ。

それでもこの食い意地は便利なこともある。ジルは「体に良くない」と嫌がるが、私は楽をするため朝食に市販のコーンフレークを出すことがある。そんな時はどんなに熟睡していても、ミラの耳元で「コーンフレークがあるよ。起きないと食べちゃうよ」とささやけば、必ずぱっと起きてくれる。これで遅刻知らずというわけだ。

だが先日のこと。真夜中にミラが突然目を覚まし、「ガトー・ア・ラ・フレーズ！（イチゴケーキ）」と連呼しながら泣き出した。フランス語の寝言の出現に日本人母としては軽い敗北感を味わいつつ、同時にあまりの彼女の食い意地っぷりに正直あきれてしまった。しかも寝ぼけて、私の顔を見ながらしきりに怒っている。私が夢でイチゴケーキを横取りでもしたのだろうか。どうせ、母は万年汚れ役なのだ。

14　フランスの不細工キャラクター

六歳になるミラのいとこのエリザに誕生日プレゼントを贈ろうと思い、何が欲しいか電話で聞くと、「〝ディードル（Diddle）〟か〝プッカ（Pucca）〟の小物」という返事だった。早速調べてみると、ディードルは水森亜土タッチのおとぼけネズミくん、プッカは謎の中国系女の子キャラクターであることが判明。だが正直言って両方ともあまり可愛いとは思えない。日本のキャラクターの洗練ぶりとは雲泥の差、約二〇年は遅れをとっている気がした。でもエリザが欲しいならばしょうがない。一応ディードルとプッカグッズを買って贈った。

その後、ミラもエリザの真似をして、四歳の誕生日に自分もディードルとプッカグッズが欲しいと訴えてきた。私としては、せっかくミラを生粋のアンパンマンファンに育ててきたので、内心面白くない。「これは不細工キャラだよ」と、ついつい心の狭いことを言ってしまう。

だが最近、動画サイトYouTubeで「おねがいマイメロディ」という日本のアニメを発見した時のこと。私が子どもの時に愛したウサギの〈マイメロディ〉ちゃんが、今どきの子どもの趣味にすり寄る形で、物語も配役も物凄い進化を遂げていて驚いたのだ。マーケティング先行のキャラ作りに大いに失望。そして急に、不器用で素朴なフランスの不細工キャラ群が愛おしく感じられたのだった。やっぱりミラにはディードルとプッカグッズを買うとしますか。

15　我が子を外国人だと思う時

普段は自分の子が半分外国人ということは特に気にはならない。だが時々ふと、この子は純日本人ではないのだと思い知らされることがある。

たとえば数の数え方。日本人は一、二、三を親指、人差し指、中指、薬指、小指と順に閉じていくが、フランス人は親指から小指に向かい順に指を開いて数えていく。日本人の私から見て特に不自然なのが四だ。小指だけ折りあとの指が伸びているが、そんな難しい芸当は私にはできない。でもフランス式を採用しているミラは、涼しい顔でやってのけるのでなんだか悔しい。悔しさ紛れにミラに向かって、「キャー、ガイジンだー」と言って逃げる真似をするのだが、逆に喜んでもらえる。

とまあ、この程度なら生活に支障がないから問題はないが、少々困ったのがトイレの便座だ。私はフランスの白い便座むき出しの便器が大嫌いだ。第一お尻がヒヤッとするし、衛生的にも疑問が残る。外出すると、しょっちゅう便座そのものがなくなっているのも許せない。最近、念願叶ってようやく日本の便座カバーを入手したので、嬉々として家の便座に装着した。キティちゃん柄だからミラも喜ぶに違いないと踏んだ。

ところが、だ。ミラは不思議そうに便器に座るなり、「これ変だから取って!」と訴えてきた。彼女にとっては、フランス式便器に直接お尻をのせるひんやりスタイルがスタンダードだったのだ。でもこればかりは私もすぐには譲れない。しばらく冷戦が続きそうだ。

16　別居生活のはじまり

昨年オヴニーの取材で霊能者に会い、「あなたは彼と別れます」と一方的に告げられた。まさかそれが数ヵ月後に本当になろうとは。ここまで体を張った取材をしなくてもいいのにと、今となっては笑うしかない。とにかく渡仏しすぐに知り合い、意気投合し、八年間いつも一緒に過ごし、勢いで子どもまでつくってしまったジルとは、残念ながら別れることになってしまった。

フランス人は「この人は理想のパートナーじゃない」と思ってしまうと別れる傾向があると聞いたことがあるが、それは少々うちの場合にも当てはまる。ジルは男というより家族の一員にしか見えないが、そんなものだろうと思っていた自分と、いつまでも男女のカップルでいることにこだわっていたジルとの間の亀裂。他にも別れの理由は多々あるが、まあどこのカップルだって多少の問題はあるものだろう。ある程度の問題を抱えてこその生活だし、人生なのにと私は思うが、理想を求めるジルはそうは思わない。

ミラには申し訳ないと思う。私は自分が五歳の時に両親が別れているので、せめてミラが小学生になるまではと思っていたが、それも叶わなかった。ジルは会社の近くにステュディオを借り、毎週末ミラに会いにくるようになった。ミラは意外にも変化に順応しているようにみえる。でももっと「寂しい」と泣いてダダをこねてくれた方がどんなに楽かとも思うのだ。

コラム……恵まれているぶんキツい一面も、フランスの母親事情

妊婦の検診費や出産費用は無料。育児手当も託児所も充実。国の少子化対策がしっかりと機能するフランスは、先進国の中でも「産みやすい国」として知られている。筆者の実感としても、「フランスの女性は恵まれている」と感じることがしばしばだ。

しかしフランス人女性とて苦労がないわけではない。よく見ると日本にはないタイプの圧力が、女性の肩に重くのしかかっているようである。なぜならこの国では、母親であると同時に、職業人としても女性としても輝いていることが、強く求められるからだ。

まずは職業人として。フランスでは出産後も産休を経て元のポストに戻るのは女性の当然の権利。「三歳児神話」などは存在せず、子どもを預けることに後ろめたさは感じない。ところがこのような好環境が、かえって専業主婦の社会的地位を貶めることにもつながる。友人の在仏日本人女性は、出産後ゆっくりと子育てに専念したかったのに、周りから絶えず「仕事は？」と聞かれ、煩わしかったと言う。社会のどの階層やコミュニティに属しているかで状況は異なるとはいえ、概して、「子育てする専業主婦」という属性だけでは、人として一人前に見られ

にくいという手厳しい風潮さえあるのだ。

次に女性として。フランスでは子どもを産んでも、有り難いことに男性は女性を女性扱いしてくれる。日本のように子どもができた途端、女性を「母ちゃん枠」に押し込むことはしない。子どもが産まれても夫婦二人でデートを楽しむことが多いのも微笑ましいこと。しかし、子育て中でも常に魅力的な女性でい続けるのは、それはそれで女性にとっては大変だ。筆者の場合は子どもがまだ〇歳の頃、度々夫から「子どもを預けてデートしよう」と誘われ、正直「今は母だけでいたい」と面倒に思ったことも多々あった。

良き母であっても仕事をしていないと物足りない。素晴らしいキャリアがあっても女を忘れていては失格。どうもフランス社会は、子育て中の女性にも容赦なく多くを求め、ついにはそんな要求に完璧に応えようと頑張り過ぎる女性さえ登場するようだ。

二〇〇九年初頭、時の司法相ラシダ・ダティが四三歳で出産し、五日後には公務に復帰して話題となった。普通分娩よりも長めの入院期間が必要とされる帝王切開だったにもかかわらず、復帰後すぐに颯爽とカメラの前に現れたのだ。移民系女性政治家として初入閣を果たし、とりわけ麗しい容姿にも恵まれた彼女。本人がスーパーウーマン役を買って出たのかもしれないが、世間がスーパーウーマン役を強要した面だって少々ありそうだ。筆者は「内心辛くないのかな」と気の毒にもなった。

他にもカトリーヌ・ドヌーヴやセゴレーヌ・ロワイヤル前社会党大統領候補など、フランスには年を重ねても美しく華やかで、子どもを持ちながらも素晴らしいキャリアを築く人が多い。彼女らはともに内縁の夫との別離を経験しているが、それすら意志的でパワフル、充実した生

の証に見えるほどだ。日本でも近いモデルとして松田聖子がいるが、まだ松田聖子的な生き方を許す土壌が弱いためか、ほとんどのママにとって、彼女の生き方は憧れ止まりになるだろう。

フランスでは、出産が職業人や魅力的な女性であることを諦める言い訳には成り得ない。それがともすると一般の女性にさえ無言のプレッシャーとなって、必要以上に子育てをするママたちに無理をさせている面があるのかもしれない。

♪♬♪

17

幼稚園のミニ文化祭ケルメス

先週幼稚園でケルメスがあった。辞書で「ケルメス（Kermesse）」をひくと「聖者の村祭り、慈善バザー」とあるが、実際はミニ文化祭のようなものだった。

幼稚園側から「ミラは蝶になり踊る」と聞いていたので、私は羽根つき衣装と触覚付きヘアバンドを慌てて用意した。だが当日、衣装は幼稚園側が用意していたことが判明。それでも私を哀れに思ったのか、先生は「ステキだからこのままで」と言ってくれた。

本番中、触覚はずり落ち、羽は周りの邪魔になったが、踊りを放棄しヤンキー座りを決め込むならず者が続出する中、最後まで踊りきったミラは偉かった。そして踊りが終わったころ、遠方に住むジルがようやく到着。私が間違った時間を伝えていたようだ。許せジル。

その後は親たちがゲームスタンドを担当。お化粧ごっこ、ボーリング、魚釣りゲームなどなど。飲食スタンドも充実だ。各家庭から持ち込まれたケーキが飛ぶように売れる。私のケーキを買う猛者はいない。

飲み食いしているとミラの親友クララのパパがやって来て、「幼稚園側がいくら売り上げを上げたか知ってる？」とウインク。まあ売り上げは子どもたちの日々の活動に還元されるから文句はない。しかし、予算はほぼゼロなのに、保護者たちを上手く乗せ、子どもは大いに楽しみ、最後に莫大な収入を得る公立幼稚園のたくましさには脱帽した。これがフランス特有「システムD（Débrouille 切り抜け上手）」の精神だろうか。

18　ミラ用郵便ポストを設置した

貧乏暇なし。啄木風にぢっと手を見てばかりの私は、どうしても幼稚園や centres de loisirs（市のレジャーセンター。日本の学童保育に近い）にミラを時間いっぱい預けがちだ。しかもジルと別居後は家事も私ひとりの肩にのしかかる。口を開けば「あそぼ」と迫るミラに「待って」と背を向け、たまった家事を片付けねばならない。どうすれば短い時間で、ミラと深く楽しい交流ができるのだろう。

そんな思いをふつふつと抱いていた時、偶然日本人アーティストさんの子育てに関するインタビューをネットラジオで聞いた。その方は家の中に手作りの郵便ポストを設置し、娘さんと手紙交換をしているという。素晴らしいアイデアに、早速私は飛びついた。

まずミラと一緒に段ボールでポスト作りをした。完成すると、それからはミラが学校にいる間、手紙をポストに入れておくのが日課になった。毎回イラストや手紙の折り方などを工夫するのは楽しいが、ネタ切れになりそうでひと苦労である。しかしうっかり手紙を忘れた日は悲しそうな顔をするので、なるべく簡単な手紙でも入れるようにする。

最近はミラが「ママに手紙来てるよー」と呼ぶので、ポストを開けると幼稚園で描いた絵が入っていた。そんなことをジルに電話で自慢したら、嫉妬したらしく、翌日メールで「ミラ・ポストに入れといて」とミラにイラスト付きの手紙を送ってきた。ジルのどうしようもなく下手な絵に泣けそうである。

19　大自然バカンスにさようなら

バカンスといえば、フランスでは田舎で自然を満喫するのが王道のようだ。私も最初のころはジルの家族にくっついて、ハイキングなどを積極的に楽しんでいた。もともと都会派もやしっ子なので、物珍しさもあった。だがそれが五年以上も続いたころから、だんだんと大自然バカンスが苦痛になってきた。ジルとジルパパはスポーツマンなので、とにかく山歩きもスパルタ式なのだ。息も絶え絶えになってはうように歩く私の姿は、悲惨極まりない。加えて、妙に絆が深いジル・ファミリーが超早口で昔話を交えて盛り上がっていると、自分がいつまでたってもお客さんでしかないと情けなく、疎外感さえ感じてしまう。特にミラが産まれてからは、自分が単なる「子守りのオバさん」そのままに思え、悲しくなった。

ところがジルと別れたために、今年の夏は堂々とパリに居残り組になることができた。ミラはジルの家族と二週間、南仏の山小屋に出かけた。その間ミラに会えないのは寂しく、思わずミラをしのんでキティちゃんのお椀でご飯を食べてしまったこともある。だが基本的には、パリの町で不健康なテキトウ生活をしている方が、ずいぶんと精神的には健康であった。そんなことをママ友に話してみたら、「実は私もフランス人ファミリーにつきそうバカンスが苦痛で……」と告白された。夫がフランス人の在仏日本人ママは、似たような思いを抱えているのかもしれない。

20　ミラ流・友だちの作り方

ブローニュからパリ一二区に引っ越しをしたら、幼稚園の雰囲気があまりに違うので驚いた。以前は子どもの数も少なく、細かな面まで先生の目が行き届いていた。現在は正反対。三〇人の幼児に対し一人の先生がいるだけで、子どもは野放しの動物園状態。ミラはマンモス校の雰囲気に圧倒されっぱなし。まだ友だちができないからか、毎朝「学校行きたくない！」とごねている。

そういえばブローニュ時代に、ミラは親友イネッサとはじめて友だちになった時の話をしてくれたことがある。「朝、中庭で、ママが行っちゃって泣いてたらね、イネッサも泣いてたよ。それで私が『Tu es ma copine?（あんたは私の友だち？）』って聞いたら、『Oui（うん）』ってイネッサが言ったの」。それから二人は抱き合って泣き、以来仲良くなったという。

だから新しい学校でも、同じ方法を試すようにけしかけてみた。ところが数日後、ミラは仲良くなれそうだと思った子に、「あんたは友だち？」作戦を実行したところ、「Non!（ちがう）」と言われ、見事玉砕してしまったのだ。とかく世の中、シナリオどおりにはいかないものだ。

しかし、大人の私にとっても友だちづくりは難しいことなのに、ミラに「友だちなんて簡単にできるよ！」と、とってつけたような台詞を繰り返す自分。大人なんて胡散くさいと思われても、しょうがないわけだ。

Saison3

日仏交えて子は育つ

（4歳半～5歳）

1　ミラがダンスを習い始めた

ようやくミラにも新しい友だちができ、幼稚園にごねずに通うようになった。現在の学校は半数がアジア・アフリカ系の子どもが通う庶民的な雰囲気。私本人は小さいころ北海道に住んでおり、子ども心に外国人は地球外生物のような存在だったが、ミラは幼い時からいろんな肌の色の子と自然に交流ができる環境にいられて心底うらやましく思う。

新学期が始まりしばらくして、パリ八区のコンセルヴァトワール（公立の芸術学校）から入学許可の知らせが届いた。私たちは一二区に住んでいるのでダメもとで申し込んでいたのだが、「定員が急に一人分空いたのでどうぞ」という。前々からミラは「ダンスが習いたい」と訴えていたので渡りに船だ。そして週二回だけ通い始めたのだが、今度はスノッブな雰囲気に圧倒されてしまった。子どもたちはみなシャンゼリゼ近くの一等地に住んでいるのだろう、着ている洋服の素材からして違う。まあ、ミラにはどこの環境にいても物おじしないたくましい人間になってほしいので、一二区の庶民的な雰囲気と八区のスノッブな雰囲気を両方肌で知っているのも良いのではと思う。

ただ問題は、週二回私が遠くまで送り迎えをしなければならないことだ。正直面倒だし時間がとられるのが辛い。今さらだが子育ては大変だ。思わずミラに、「早く大きくなってくれない？」と愚痴ってみたら、ミラはニヤッと笑い、「早くは大きくなれないの」と答えた。

コラム……考える葦、伸ばす授業
～幼児が〝哲学〟するドキュメンタリー映画

哲学は口髭を生やした老学者だけの専売特許ではない。パスカルを生んだフランスでは、幼児でも考える葦となる。ドキュメンタリー映画『ちいさな哲学者たち（Ce n'est qu'un début）』（二〇一〇年ジャン＝ピエール・ポッツイ監督）は、幼稚園児の哲学の授業を追った二年間の記録である。舞台はパリから南東四〇キロの町ル・メ＝シュル＝セーヌ。社会・経済的に不利で教育効果が上がりにくいZEP（教育優先地区）の公立幼稚園だ。

授業は先生がロウソクに火を灯し始まる。点灯の儀式は子どもを思考の旅へと誘う松明だ。話題となるテーマは愛、恐怖、豊かさ、死、幸せなど。園児は抽象的な概念と正面から向き合う。幼いからボキャブラリーは貧弱だし居眠りする子もいる。だが回を重ねるうちにゆっくりと論理的思考を身につけ、意見を他人と分かち合う術を学ぶ。「恋をするとどうなる？」と質問のボールを投げれば、「お腹がくすぐったくなる感じ」「心がお腹にあって赤くなる」

© Ciel de Paris productions 2010

と詩的な言葉が飛び交う。「賢さ」に話題が及べば、「ママは冷蔵庫にヌテラ（チョコ味のペースト）を入れないから賢い」と、お子様目線の発言がこぼれ出るのも一興だ。そして目尻を下げ油断していると、時おり可愛らしい唇から本質を突く言葉が飛び出しハッとさせられる。「自由とは一人でいられること。呼吸して、人に優しくなれること」。思わず我が身を省みる。

本作の子どもたちは太陽に向かってツルをいっぱいに伸ばす朝顔のようだ。先生は園児が迷子にならぬよう植木鉢に支柱は立てるが、ツルの伸ばし方はあくまで子ども次第。大人は子どもが思考の花を咲かせるためのサポート役。考えを押し付けたりはせず、沸き上がる知性の発露を傍らで見届ける。幼子が生来備え持つ知恵や賢さに信頼を寄せるからできる振る舞いであり、同じ抽象概念を扱っても模範解答が用意されがちな道徳の授業とは似て非なるものだろう。一般に学校教育の現場は知恵よりも知識を与えたいがあまり、児童が持つ自然本来の力をないがしろにする場面も多そうだ。自然をないがしろにし過ぎると、子どもたち、ひいては世の中全体がギクシャクするはず。特にこれからの時代を生き抜くためには、知識よりも知恵が肝になりそうだから、本作は大事なヒントを与えてくれそうだ。本作は日本へも配給されDVDも発売中。多くの人が鑑賞することを願う。

2 ディズニーランドのパスポート

私も日本にいたころは、消費文化にどっぷり浸かっていたものだ。それが九年前に渡仏し、エコロ青年ジルの影響もあり、浪費生活にきっぱりとサヨナラを告げた。「欲しいものは買わない。必要なものだけ買う」と念仏のように繰り返すようになった。グローバリゼーションを激しく憎んだ。生まれ変わった自分に酔ったりもした。

だがジルと別居後、オープン一五周年記念のためにユーロディズニーランドの年間パスポートが安く買えることを知った。行きたい。ミラも目を輝かせて行きたいと言う。でも悩んだ。二ヵ月悩んだ。そしてようやく購入を決めた。私はきっと、ストイックなエコロ生活に少し疲れていたのだ。たまには罪悪感を感じることなく無駄な消費もしたい。体に悪いものも食べたい。ミーハーに浮かれたい。というわけで、月に一度位の割合で、ミラとディズニーランドに通うようになった。

案の定、消費文化の旗手ミッキーに尻尾を振る娘の姿に、ジルは不満顔。だがもう別居しているのだから、ある程度は好きにやらせてもらうことにする。もちろんミラの健全な発達が一番大事なので、ディズニーランドの功罪については、常に意識していくつもりだが。

ちなみに、一人になり自由にできるようになって嬉しいもうひとつのことといえば、ミラへの「耳かき」だ。アンチ耳かき派ジルの冷たい視線から解放されて助かった。

3　クリスマスにミラと一時帰国

今まで子どもを連れて何度か一時帰国をしてきたが、いつも季節は春か夏。ミラは日本の冬を知らないのだ。ちょうど日本の友人が、毎年凝ったクリスマスパーティを開いていて、参加の案内がくる度に行けずに歯がゆい思いをしていた。そこで今年こそは参加しようと思い立ち、クリスマスを挟み、計一〇日間の日程で東京に戻る。

パーティでは仮装が義務なので、私とミラはサンタのコスプレに挑戦。参加者の中には電飾を巻き付けた人間クリスマスツリーや、宮崎県知事になった時の東国原スタイル（スーツの上に作業着）などの名コスプレも。子どもも多く、ミラにとっては日本の子どもが話す生の日本語に触れる良い機会になった。パーティは美味しい料理に加え、クイズ大会、ビンゴ、プレゼント交換、コスプレ投票と盛りだくさん。親子初の日本のクリスマスを、心ゆくまで楽しんだ。

さてその後は、散歩がてら百円均一やスーパーをひやかし、夜は銭湯通いの地味な日々。すでにフランスでの生活がリアル、日本での生活が非日常な自分には、こんな小市民的生活ですら、まぶしく、はかなく、いとおしい。そして自分は今、日本から距離だけではなく、実感としてずいぶん遠く離れた場所で生きていることに、郷愁に似た思いもこみ上げる。将来ミラにとって日本は、どんな存在になるのだろう。

4　シラミさん、いらっしゃい

覚悟はしていた。「フランスに住む子どもはシラミに一度はたかられる」と聞いていたから。でも日本に一時帰国する飛行機の中で、ミラの髪の毛に黒い虫と卵らしきものを発見した時は、やはり相当ショックを受けた。これが噂のシラミファミリーか。よりによってこんな時に、と気分は沈む。友人らに大した土産も買えないばかりか、かわりにシラミをプレゼントするかもと思うと情けない。

早速東京に着くと同時に薬局に走り、シラミ退治シャンプーを購入した。これがかなり高価だ。何日ごとに何ミリリットル使えだの指示もうるさい。元来、大雑把な私は使い方もテキトウ。そのせいかシラミの親玉はすぐに消えたものの、卵がなかなか絶滅しない。結局ミラは髪に卵をつけたまま、フランスに戻ってきた。

この国は、「シラミ先進国」の名に恥じず、シャンプーやスプレーなどの関連グッズが割安で種類も豊富だ。ミラは「スプレーをかける音が面白い」とか「シラミ用クシで髪をとかしてもらうのが好き」とか言って、危機感はゼロ。それに週末など、ジルにミラを預けるとケアを忘れられることも多く、またふりだしに戻る。ついにシラミ戦争も一ヵ月半を過ぎてしまった。今日も幼稚園から帰ってきたミラは、「仲良しのプリュンヌちゃんもシラミなの」と嬉しそうにしゃべり出す。「それはよかったねえ」。もう正直、どうでもよくなってくる私である。

5　美術館でスケッチをしたい

フランスの美術館に行くと、よく作品の前で子どもや美術系の学生がしゃがんでスケッチをしている光景に出くわす。「他人に絵を見られたら恥ずかしい」などという、つまらない自意識とは無縁のようで、みんな伸び伸びと手を動かしている。さすがは路上で音つきブチューをするカップルや、バゲットをちぎりちぎり食べ歩きする人が多い国だ。要するに人目はあまり気にしない人が多いのだろう。

公然ブチューは遠慮したいが、美術館でのスケッチ体験はぜひしたいと思っていた私は、ミラと友人を誘い、ポンピドゥー・センターのジャコメッティ展に足を運ぶ。会場はけっこう混んでいたので、憧れの地べた座りは叶わず、ベンチに座って描くことに。一緒に来た友人は、さあ描くぞという段になり大和撫子の自意識が顔を出したのか、「やっぱり恥ずかしい」と単なる鑑賞モードに入ってしまった。しょうがないので最後の味方ミラと、クレヨン片手に模写を始める。

しばらくしてミラが「おわった！」と言うので、彼女のスケッチブックをのぞく。だがどこにもジャコメッティ作品はない。そしてなぜかウサギばかりがいる。そうか、ミラはクレヨンの箱に印刷されているウリギの絵をスケッチしていたのだ。美術館まで来た意味は一体……。それでも親切な警備員のオジさんに「上手だね」と褒められ、大層ご満足そうなミラ画伯であった。

6　ミラの濃いスキンシップ

私の子ども時代にくらべて、ミラは他人と濃いスキンシップをする。男女限らず友だちと、いつも手をつないだり肩を組んだりしている。もちろん大人から抱きしめられたり、ビズ（フランス流キス）されたりも日常茶飯だから、他人と体が触れ合うことに、ほとんど抵抗がないように思える。反対に一時帰国時など、ミラは大人から「大きくなったね」と頭は撫でてもらえても、抱きしめられたりチューをしてもらえることはそんなにない。彼女にとってそのような日本人的スキンシップは、もしや物足りないのではないかと思う。

アイデンティティとは、母国語とか国籍の問題をこえ、何が自分にとって自然でしっくりくるかといった微妙な感覚と深くつながっている。だから、たとえ日本国籍を持ち日本語を上手に操っても、フランスに住んでいる限り、子どもはフランス的なアイデンティティを体にしっかりと刻んでいく。なんとなく今まで「自分の子は自分が一番理解してる」と自惚れていたけれども、成長するにつれフランス的な行動パターンを次々と見せる娘を前に、そんな自信も揺らいでくる。

これから我が子が徐々に正真正銘のフランス人になっていくという未知の不安と、どうやって向き合えばいいのだろう。ここは割り切って、子どもが伸び伸びと成長することを一番に考え、一抹の寂しさと、大いなる好奇心を道連れに、じっくりと見守るのが良いのだろうか。

7　五歳の誕生日インタビュー

毎年ミラの誕生日には「ミラ・インタビュー」をしている。先日ついに彼女も五歳になったので、通算三回目のインタビューを実施した。

私「好きな食べ物は？」
ミラ「イチゴ、リンゴ、これでいい」
私「嫌いな食べ物は？」
ミ「お肉。でもちょっとだけ好き」
私「好きな歌は？」
ミ「『ロヴェルニャ』」（注：ジルがギターで弾くジョルジュ・ブラッサンスの曲と思われる）
私「おぉ渋いねえ、でも日本の歌はないの？」
ミ「じゃあ、『咲いた』」
私「『チューリップ』か。行きたいところは？」
ミ「オーストラリア。だってねコアラがいて」

私「学校とかで好きな人は？」
ミ「クララ、イザベル、ティファニー。彼氏はいなくなった。だってね、遊ばないんだもん」
私「趣味とか得意なことは？」
ミ「絵描くのとか、ダンスとか、本読むとか」
私「日本語とフランス語、どっちが好き？」
ミ「両方」
私「五歳になったからやってみたいことは？」
ミ「ないないないない。ねえ、ママは何歳なの？」
私「（ドキッ！）えぇっとね、一八歳だよ」
ミ「ふーん、オバさんだねえ……」

本当の年齢が約二倍もあると、どうやって告白できよう。若さって残酷なものだった。

8　ミラは日本語が上手い

ミラは日本語が上手い、ような気がする。考えてみれば、なんてことはない。私がジルと別れたため、家では私しか話す相手がいなくて、常に日本語を使わざるを得ない状況なのだ。別居にも利点があったのだと、せいぜい自分を慰めてみる。とはいえ彼女の日本語に聞き耳を立ててると、フランス語の影響が端々でうかがえるのは面白い。

日本語の「ha」はフランス語の「ra」の発音になる。「ミラの自転車」は、「自転車のミラ」というように、前後がひっくり返る。また、「パパに会う」を「パパに見る」と言うなど、フランス語直訳の日本語も飛び出す。これは動詞「voir」に「見る・会う」の両方の意味があるので、フランス語感覚に引きずられてしまう結果だ。

とまあ奇妙な日本語も顔を出すが、それはそれでご愛きょう。全体的にミラの日本語は、私には誇らしい。しかし、だ。最近、日本語の歌が聞きたいというジルの両親の前で、ミラに一曲アカペラをお願いした時のこと。家ではいつもカラオケ大会になるのに、モジモジしてちっとも歌ってくれないのだ。しまいには私もイラつきはじめる。「歌えないの？　変だよ！」。責める私、悲しむミラ。

むむ、ちょっと待て。こんな私こそが「変」ではないか。わが子を水族館でボールを操るアシカのように扱っているのだから。外国語は曲芸ではない。バイリンガルキッズのパパ、ママよ。世にも醜い「子どもの曲芸化」には、注意されたし。

9 ネガティブ発言の理由は？

数週間くらい前からか、ミラが急に自分をおとしめるようなネガティブ発言を、多く口にするようになった。「私はかわいくない」だの「頭が悪い」などなどだ。私もジルも、ほめながら子育てをしている方だ。家ではほめられることが多いのに、学校では友だち関係で上手くいかなかったりすることもあるだろう。ままならない人生にぶつかり、自己嫌悪に陥るのかもしれない。とはいえ、そんなのは万人が通る道、私は気にしないでいた。

ところが繊細なジルは気にしている。そしてある日、「ミラのネガティブ発言の理由がわかった！」と、興奮して電話をかけてきた。なんでも、私が妊娠中に強く男の子を欲しがっていたせいなのだと説くのだ。吹き出しかけたが、一応説明を聞いてみる。

「胎児だって母親の気持ちがわかるんだ。だからミラに『妊娠中は男の子が欲しかったけど、生まれてきたら女の子で本当に良かったと思ってる』って言うべきだ」とのたまう。これだから「フランソワーズ・ドルト原理主義者」は困るなあ、とあきれたが、懇願されたのでしぶしぶ承諾。言われた通りにしてみた。ミラはただ黙って聞いていた。

しかしその後、なぜか彼女のネガティブ発言は止まったのだった。たまたまなのか？　謎である。いずれにせよ、これがジルの説のおかげだとは、なんとなく認めたくない自分であった。

10　初めての林間学校

フランスでは「コロニー・ド・バカンス」と呼ばれる林間学校が盛んだ。長期の休暇時期に、市や民間団体が乗馬、海水浴、スキー、演劇などさまざまなテーマの合宿を企画してくれる。友だちや兄弟と参加してもよいし、一人参加でもよい。親は参加しないので、多くの子どもにとっては、初めて親元を離れる体験になることが多い。

私は「サーカス体験」ができるコロニーが気になり、ミラにすすめてみた。一〇日も親元を離れるのは五歳には長いかとは思ったが、何度聞いても本人が「大丈夫」と言うので、ジルを説得し行かせてみた。

ミラは一人参加だったが、行きの列車で隣に座った一歳年上のシビラと仲良くなり、すぐに「シビラと友だちになった。ビズ」と書いた手紙を送ってきた。

さてサーカス合宿の中身だが、玉乗りや綱渡りなどを練習し、最後にみんなで合同スペクタクルを発表するというもの。他にもプール、キャンプファイヤー、ハイキングなどイベントも盛りだくさんで、充実した日々だったらしい。とはいえ夜は心細くなったようで、ミラがベッドで泣いてたら、シビラが「私たちだけで頑張ろう」と励ましてくれたとか。

一〇日後、パリ東駅のホームに迎えに行くと、額と背中にカサブタを付けたミラがいた。でも本人は「転んだだけ」と平然としてる。そして私にペンダントのお土産をくれた。ミラに自分のものが買えるよう小遣いを渡していたのだが、自分のものを買わずに私に買ってくれていたのだった。

フランス版林間学校こと「コロニー・ド・バカンス」の制度が大変充実。長いバカンス期間中、子どもの世話に手を焼く大人にも大助かりのシステムだ。

ルポルタージュ……アソシエーション探訪1「バカンスと家族」

低所得者の家庭に格安でバカンスを

年間五週間の有給休暇が法律で保障されているバカンス大国フランス。長期休暇を取得する際に、日本のように肩身の狭い思いをすることもない。どんな階層の人でも休む時は休み、家族と過ごす時間や、人生を満喫することを大切に考える。だからこのアソシエーションは、いかにもお国柄が表れていると言えそうだ。

「バカンスと家族」は、低所得者や失業者の家族のために、格安でバカンスを斡旋する団体である。「バカンスは権利」をモットーに、毎年約千組の家族に平均二週間程度の国内旅行を提供する。本団体の発祥は一九六二年に遡る。フランス南西のドルトーニュ県に住むマルー・バルブさんという女性教師が、「バカンスに出かけたいが滞在場所がない家族」と「場所に余裕がある田舎の家」とのマッチングを思いつき、パリ郊外サン＝ドニ市に住む家族を地元の家屋に招待したのが始まりだ。当時は協会設立の手続きに時間がかかったため、活動開始から五年後の一九六七年にアソシエーション登録へ。こうして運営の基礎が築かれると、各地で協会の輪が広がる。七三年には活動を統括する連合本部をパリに組織。現在は全国三一県に「バカンス」と家族」の看板を掲げる協会が存在し、情報を共有しながら地元の家族をバカンスに送り出したり、遠方の家族の受け入れを行っている。予算はANCV（国立休暇小切手機関）やCAF（家族手当金庫）から援助を受ける他、ディスカウント店TATIといった企業ともパートナー関係を結ぶ。協会全体で三五人の正社員と二千人のボランティアを抱える。

宿泊場所は国内一八県に三百以上を用意。宿泊先には田舎に住む退職者が広い自宅を開放し、ボランティアとして家族を受け入れる例が目立つ。彼らの中には子どもたちとの触れ合いを、毎年の夏の楽しみにしている人もいる。他にもキャンピングトレーラー、モバイル・ハウス、バンガロー、山小屋と、宿泊形態は様々。滞在中は海水浴やハイキング、歴史遺産の見学会やテーマパークへの遠足など、多様なアクティビティを提供する。日々の食事会も参加者同士の交流を促す重要な催しだ。ここ数年滞在先として人気が高いのは、海も近く独特の郷土文化が味わえるブルターニュ地方である。

バカンスを通じて社会との接点を築く

「バカンスと家族」は、単に格安のバカンスを提供することだけが目的ではない。「貧困層は普段から社会と切り離され、孤立する場合があります。私たちの協会は、彼らがバカンスの体験を通して社会との接点を築くことも願っているのです」。こう語るのは広報担当のアルワ・ザラさんだ。具体的には参加家族同士が現地で親しくなれるよう、グループ構成に細心の気遣いをする。そして旅行後も交流会を実施するなど、グループの絆が長続きするようお膳立てをしている。

また貧困層の中には一度もバカンスに出発したことがないため、CAFからバカンスの割引チケットを支給されても使い方がわからず、結局旅行を諦める人もいる。だからそのような人には具体的なアドバイスを与えながら、いずれは自力で計画を立てて旅行を楽しんでもらうためのレッスンの場としても機能させている。

しかし本アソシエーションを通してバカンスの予約をした家族の中には、直前にキャンセルをする人も見られる。「彼らは他人との交流やバカンスそのものに不慣れであるため、急に不安を抱いてしまうようです。時間をかけ、心を開いてゆければよいのですが……」。社会の影に隠れた孤立問題の根深さも顔をのぞかせる。

とはいえ参加者の大半は満足し、豊かな思い出を胸に家路につくようだ。参加者はほぼリピーターとなり、一家族につき平均三回バカンスを斡旋してもらう。子どもの頃に本アソシエーションにお世話になった人が、恩返しにとボランティアや社員として戻る例も後を絶たない。アルワさんの同僚の半分も過去の参加者だというから驚きだ。パリ郊外に住んでいた参加者の中には、バカンス先の親切な受け入れ家族と美しい環境に惚れ込み、ついに田舎の地に移住を決めた家族もいる。

さてバカンス大国とて、昨今は不況の煽りをしっかり受けているのが現状だ。昨年は五歳〜一九歳までの四人に一人がバカンス(ここでは四泊以上の旅行の意)に出発できなかったと報道がされた。毎月一五〇〇ユーロ以下の収入の

家庭の子どもに限れば、その割合は三二％にものぼる。
「私も子どもの頃にバカンスに出発できない年があって、寂しい思いをしました。特にフランスの子どもにとっては、新学期に友だちとバカンスの話ができないというのは寂しいことでしょうね」とアルワさん。誕生から半世紀を数える「バカンスと家族」の存在価値は、今こそますます高まってきているようだ。

♪♬♪

11

絵本を貸すことができなかった

ミラの友だちのルーシーが、我が家に遊びに来た時のこと。彼女は本棚から絵本を見つけ、気に入ったので家に持ち帰りたがった。私はミラに「最近この本は読んでないんだし貸してあげな」と促した。すると、たまたま居合わせたジルが、「勝手に決めるな。ミラの意見を聞こう」と言った。そして結局、ミラは「貸したくない」と答えたため、絵本を貸してあげないことになってしまった。

ジルとしては、子どもでも一人の人間として意見を尊重するのが重要だ。一方、私には、場合によっては子どもの意見を無視してでも、親切にすることを教える方が重要だ。もしかすると、フランスにはワガママ人間が多く、日本には自分の意見が言えない人間が多い理由の一端は、この辺りにも隠されているのかもしれない。どちらが良いとは一概には言えないだろう。

しかしどうも納得がいかない私は、次の日ミラに聞いた。「ママは、なにもあなたがいつも聞いてる『ベベリリー』のCDを貸せとは言ってない。あるのをずっと忘れていた絵本くらいお友だちに貸せないのは、母ちゃん情けない。もしあなたが大きくなって、子どもができたら、友だちに絵本を貸せない子がいいの?」。そしたらミラはちょっと考え、「貸せる子がいい…

…」と呟いた。

私は内心「ふふ、でかしたミラ」と、ほくそ笑む。しかし、ジルの陰で裏工作をしているようで、どうも後味は悪いのだった。

12 寝る時にパンツをはかない

先週のこと。「パンツはきついからイヤだなあ」。パジャマに着替えていた時、ミラが突然、「アンチパンツ宣言」をしてきた。寝る時にパジャマのズボンははくけれど、中のパンツは邪魔だから、もういらないのだそうだ。「スカスカしてヘンじゃない?」と聞いたら、「ヘンじゃない。この国では誰もはかない。サラもはかない」ときっぱり。最近サラちゃんの家にお泊まりに行ったから、影響を受けたのだろう。

たしかにフランスでは、夜にパンツをはかない派の人が多い。ジルもそうだった。日本人の私としては、パンツなしで眠るフランス式には、かなり違和感を感じてしまう。とはいえ、断固反対するほどのことでもないから、ここはミラの好きなようにさせることにする。しかし、ミラがこうやってパンツを拒否するのは、しっかりフランス人の身体感覚を身につけていってることを意味する。そんなことは自然な流れであるわけだが、私としてはちょっぴり寂しくもある。思わず、「さすがミラちゃんはフランス人だね」と皮肉をこぼしてみる。するとミラはすかさず「日本人もいるですよ！」とニコッ。すっとぼけたミラの言い回しに、思わず吹き出してしまった。

だが、ミラは本当にすっとぼけていただけだろうか。意外に、日本人ママに気を遣った優等生発言だった気がしないでもない。五歳の娘に気を遣わせてしまうのは、避けたいものである。

13　サンタに手紙を書こう

毎年ミラはサンタに手紙を送る。今まで住所はジルの両親宛にしていたが、最近はミラも字が読めるので、もうあまり好ましくないだろう。だが最近、フランスでは郵便局の粋なはからいで、住所は何でもいいからサンタ宛に郵便を出すと、ある地方の事務所にまとめられ、誰かが返事をしてくれるという噂を聞いた。半信半疑の私は、一応近くの郵便局に行って聞いてみることに。局員さんは、「専用のポストがあります」と言って、サンタのイラストが描いてある箱を指差した。ここに入れれば安心そうだ。

家に帰って、早速ミラに今年もサンタへ手紙を書くように促す。私が「住所はなんだっけなあ」と言うと、ミラが「私知ってるよ！　リュタン通りだよ」と言う。リュタンとは、いたずら好きな妖精のことで、インターネットで確認すると、クリスマスの時期にサンタのアシスタントとなって働く陰の立役者でもあった。サンタの住む家の名前にぴったりである。これで無事、今年もサンタに手紙を届けることができそうだ。返事が本当にくるのか、まだ謎ではあるが。

しかし昨日、ミラは「サンタって本当はいないんだって。エリザベットが言ってたよ」と訴えてきた。幼稚園の友だちが余計なことを吹き込んだらしい。「え、でも本当にいないのかなあ？」ととぼけてみせたら、ミラはちょっと考えて「心の中にいるのかも」と答えた。

14　地下鉄の切符を買う？

パリの裏名物のひとつに、地下鉄のコントロール隊がいる。彼らはＲＡＴＰ（パリ交通公団）の制服に身を包むが、たまに私服の人もいる。地下の網の目を縦横無尽に行動し、切符を持たない人を情け容赦なく捕まえる。たいていは通路や改札を抜けた後の死角スペースに立っているので、心臓に大変悪い。

さて、五歳のミラと地下鉄で移動する時は、コントロールが気にかかる。なぜなら、決まりでは四歳から切符を買わなければならないのだが、「今日はいいか」と、ケチって彼女の切符を買わない時が多いからだ。こんなケチ女は私だけかと思っていたら、周りのママ友も、「日本では小学生からだから払わない」とか「七歳位の子どもまでは大目に見てくれる」とか、皆相当に図々しい。そして実際、コントロール隊に遭遇しても、ミラの分の切符を求められることもない。それで、ジルにミラといる時はどうしているのか尋ねてみると、「買うわけないじゃないか！」とふんぞり返っている。彼の場合は、以前本人が切符を持っていなかったのに、コントロール隊を得意の詭弁で説得し、見事罰金を免れたことさえある強者だ。聞く相手を間違えたか。

しかしこの前、ミラに「コントロールの人には三歳半って答えて」と頼んだら、「ママ、うそはダメ！」と叱られた。母の威厳は落ちる一方だから、そろそろ切符を買うしかなさそうだ。皆さんはちゃんと子どもの切符は買いましょう。

15

乳歯が抜けるとネズミが

夕方幼稚園に迎えに行くと、ミラが「取れちゃうみたい」と口を開けてきた。下の歯が一本グラグラだ。乳歯が生えかわるのだ。フランスでは、抜けた乳歯を枕の下に入れておくと、夜の間にネズミがやって来て、歯をコインに取り替えてくれるという。フランス式は物語性があるなと感心。ワクワクしながら歯が落ちるのを待った。

ところが待てども待てども乳歯は抜けない。気がつくと二週間が経過。興奮も冷めかけたころ、ようやくバゲット（フランスパン）を食べるミラの口から、歯が吐き出された。夜になり、ミラは歯をティッシュにくるんだ。そして「枕の下だとネズミが気がつかないかも」と、枕の上に置いて寝た。危うく私も一緒に寝かけたが、なんとか起き直し、ミラの乳歯を数枚の硬貨に替えておいた。

朝がきた。ミラはすぐに小銭を発見。しかしなんだか不思議顔だ。「あれ、ママが入れたのかなあ」。日本のお金が混ざっているのを見て、悩み始めたのだ。私は、前にミラが「サンタは本当はいない」と言っていたので、「もうおとぎばなしを信じる年じゃないか」と、ついつい演出のツメを甘くしてしまったのだ。どうやら子どもの心は、大人が思う以上に複雑らしい。

「信じる・信じない」の二者択一を超えた、大人なんぞには計り知れない、絶妙なロマンを生きているのだろうか。だとしたら、やはりこの手の演出は、最後まで手を抜くべきではなかったのだ。

16　ボンジュール、空き巣さん！

先日、家に帰ってみると鍵が壊されていた。こわごわ中をのぞいてみると、室内は見事な散乱状態。空き巣にやられたのだ。人生初の経験だ。ワナワナしつつ警察（一一七番です）に電話。次に銀行のカードを止めた。警察は二時間後に来て現場検証をした。盗まれたのはカメラ類、銀行カード、指輪などなど。だが一番痛かったのは、一時帰国した際に親から少しずつもらっていた現金だ。タンス貯金で三〇万円はあった。円は弱かったし、両替する気がしなかったのだ。現金じゃ保険もおりない。ミラは落ち着いたもので、「貧乏なうちにも泥棒くるんだ」とか言っている。その後、指紋の採取をしに手袋をはめた人も来た。テレビのワンシーンみたいであった。

その後は、保険会社に連絡を入れ、警察署に足を運び被害届を出す。警察では調書を取られ

お友だちと「ひなまつりパーティ」をした。日本とフランス両方の行事・イベントが楽しめてうらやましい限り。

たのだが、現金を盗まれたというと「なぜ銀行に預けないの」と説教。さらに滞在許可証の住所変更をしていなかったのを見つけ、またまた大説教。被害者として優しく扱ってもらえるかと甘い考えでいたら、大間違いであった。

そんなこんなで身も心もボロボロ。帰宅してミラに、「ママちゃんは悲しいので寝させて頂きます」と宣言し、布団をかぶる。ところが、「ダメ！　おちゃらかホイやるの」と、全然そっとしておいてくれない。しょうがないので暗い葬式声で、嫌々おちゃらかホイをする羽目になった。

17　振り分けられて公立学校に

幼稚園に「デロガシオンの申し出は◎日まで」という張り紙があった。デロガシオンとは「例外措置」のこと。この場合は、通うべき公立学校の変更願いだ。通学区は住所で振り分けられるとはいえ、フランスではかなり頻繁に、個人が役所と学校に直訴をする。ミラの親友プリュンヌのママも「来年度の小学校入学は、隣の区の学校の方が近いし環境もよいからデロガシオンを申し込む」と言っていた。他には申し出がかなわなければ、わざわざ希望区域にアパートを借りることでダミーの住所を入手し、望んだ学校に入学させるという荒技を使う人もいた。

そんな親がいる一方で、子供を指定された学校に行かせることが当然と思う親もいる。そんな人は本当に偉いと思う。なぜなら私は正直、自分の子には少しでもよい環境で勉強してほしいと願ってしまうからだ。「平等」をうたうフランスに住むことを決めながら、そんな風に思ってしまう自分が少々後ろめたい。しかし、ミラが来年度入学に指定されている公立小学校は、あまり評判がよろしくない。高学年にもなると、授業中が動物園状態になる可能性も否定できない。そんなこんなで気分は落ち着かない。

だがミラ本人はというと、庶民的な幼稚園の雰囲気にしっかり溶け込んでいる。トランプの恋占いを教えてあげたら、イタズラ大好きなアフリカンボーイとの相性を真剣に占っていたものである。

18　血液型がわかった

先日、恐がりのミラが意外にも予防接種の注射を難なくこなしたので、これは良い機会と、血液検査の注射もさせることにした。私はＢでジルはＯだからミラはＢかＯだろう。自分と同じＢだったらうれしいと思い、ミラに「Ｂ型はだらしなくてマイペース。でも芸術家っぽくて面白いから、ぜひママと同じＢ型をすすめるよ。パパと同じＯ型は、友だちたくさんでイイ人も多いけど、凡人でつまらない人生かもね」と言うと、ミラはちょっと考え、「……Ｏ型がいい」とボソリ。ジルにそんな話を電話ですると、「フランスには血液型を気にする人なんかいない」と笑う。

ついに検査の当日。予防接種の注射と違い、血液検査の注射は太かった。しかも二回も打つのだ。一回目で「痛ーい」とすっかり涙顔のミラに、「もう一回打ったら、美味しいケーキを買ってあげる」と食べ物でつって応援する。注射の最中、看護婦さんに「フランス人は自分の血液型すら知らない人が多いけれども、事故で急に輸血が必要な時は困るのでは？」と聞いてみたら、「本当に緊急時は、誰でも使えるＯのマイナス型を使うんですよ」とあっさり。そうだったのか。ミラはケーキにつられて、無事二回目をこなした。

そして後日、結果を受け取りに行く。結果はＯ型だった。「うれしいなぁ」と小躍り気味のミラ。なんでＯ型だとそんなにうれしいわけ？　どこまでも納得のいかない母であった。

フランスはA型45%、O型43%、B型9%、AB型3%と、A型の人が一番多い。納得できないのは私だけか。

19　国立小学校をお受験

「お受験なんて他人ごと」と高をくくっていたものだ。だがこれが親の弱いところで、いざ自分の子どもの小学校入学が近づくと、「本当に近くの公立学校でよいのだろうか？」と悩んでしまった。というのも、パリから少し離れたところに、日仏のバイリンガル教育で名高い国立の名門校が存在するのだ。気になって説明会に足を運んでみた。先生方も熱心だし、授業の質も高そうだ。私が子どもに戻って入りたいくらいだ。ジルも学校を気に入った様子だ。私たちは子どもを私立の学校に入れる経済的な余裕はないが、国立ならばなんとか可能だ。ただし入学の暁にはパリ郊外に引っ越しをしなければならない。私の仕事のためには不便になってしまうのが、正直痛い。

そして五月に入り、倍率は高そうだがミラをお受験させてみることにした。とはいえ歳が低いので、日本語とフランス語の各セクションの先生と面接があっただけだ。面接中、親は教室の外で待っている。面接が終わった。早速、ミラに内容を根掘り葉掘り聞く。すると「消防車」や「パトカー」なんかを日本語で言えなかったという。そういえば、ミラはサイレンのなる車を「ピーポー車」と勝手に呼んでいたが、私は面白くてついそのままにしていたものだ。

ガックリと肩を落とす私に、ミラはただ「面白かったよ」と平然としている。どこから見ても、親の方が完全に落ち着きを失っているのだった。

20　アパート？　学校？

国立小学校の受験結果を待っているころ、偶然知人経由で、パリの貸し物件の話が舞い込んできた。聞くと環境、家賃、広さと条件は申し分ない。素晴らしい情報に心を奪われた。現在のステュディオは、狭さといい、陽当たりの悪さといい、空き巣事件といい、住み続けるのが精神的に限界なのだ。もちろんあれだけあこがれた学校の受験結果も気になる。ただし合格したら郊外への引っ越しは必至。郊外とはいえ学校近くは高級住宅街で、家賃の高さは目が飛び出るほど。また一部屋のステュディオ住まいとなるだろう。

さあ、どうしよう。仮に学校に受かったとしたら、すべての面で私の負担は重くなる。遠くに住むジルはあまり当てにできない。そしてこの問題は突き詰めると、「自分は何のためにフランスにきたのか」という問いにまでぶち当たる。子どもに最高の教育環境を用意したいけど、子育てを理由に、自分のやるべき仕事から逃げてはいないか？　そんなことを考えると、暗い気分にもなる。

そうこう考えているうちに、ついに受験結果が届いた。なんと合格だった。いよいよアパートをとるか学校をとるかで、頭を壁に打ちつけたくなるほど悩んでしまった。早速ミラ本人に、「どうしたい?」と聞いてみる。すると、パリのアパートも国立の小学校も「どっちもスキ」だけど、「ママが思うのは、私も思う」から、「ママが選んでいいよ」と答えるのだった。

Saison4

学校生活がはじまった

（小学校低学年６歳〜７歳）

1　カルターブルを背負って

桜は咲かぬとも、日本より半年も早く新学期の季節が近づく。結局、突然舞い込んだ物件情報に乗じて、パリ内で引越しをすることに決めた。ミラは一五区の公立小学校に入ることに。せっかく受験をした国立小学校は泣く泣く辞退をした。

入学前にはいろいろと揃えるものがある。まずはフランス版ランドセルともいうべき「カルターブル」。近所の大手スーパー「モノプリ」に行ってミラに好みのものを選ばせると、あんまりうれしかったのか、入学前なのにお出かけごとに背負うようになった。他にも鉛筆、消しゴム、ハサミなどの定番文房具はもちろん必須だが、「アルドワーズ」という見慣れない物もあった。これはペンで書いて消せるミニホワイトボード。ジルが子どもの時代は、まだミニ黒板にチョークを使っていたという。また教科書カバーも要る。日本と違って一年後には教科書を返却するから、キレイに使わなければならない。無料配布をすればいいのにと思うが、ジルは「カバーをつけるのが新学期の重要イベントさ！」と、妙に目を輝かせている。

いよいよ入学の日。やや大きめのカルターブルを背負って、ミラは小学生になった。やはり学校前で記念撮影をする浮かれた親は私だけで、ついにミラに「ママ、恥ずかしい」と言われる始末だ。記念セレモニーらしきものは一切なし。歌のひとつでも聞きたいものだが。そして親たちはちょっと教室を見学すると、先生からは「授業が始まるから」と、すぐに教室から退散させられるのだった。

2　フランスには飛び級があった

小学校に入学早々、ミラは「（授業が）簡単過ぎる〜」と不満を漏らし始めた。「そんな図々しいことを言っていられるのは今のうち」と適当にあしらっていたら、数日後担任の先生からお呼びがかかった。なんでも「飛び級をさせた方がいいかもしれないからテストをしたい。結果次第で親子面談をしましょう」と言うのだ。予想もしなかった事態に驚き、そして内心私は鼻高々。ミラは体も大きく性格もマセ気味なので、普段から年上の友だちが多い。一学年上がっても馴染みやすそうには見える。本人も「CE1（小二）にいきたい」と意欲的だ。

すぐにジルに電話で相談。すると「急がせればいいってもんじゃない。飛び級して無理するより、今のままの方が自信がついていい」と、完全に懐疑派。伸び始めた私の天狗の鼻を打ち砕く。そして「一年浮くからいつか日本に留学させてもいいかもね」と私が言えば、ジルは

「ミラはずっとフランスに居るんだ！」と怒るのだった。

その後、ミラはフランス語と算数のテストを見事パス。すぐにCP（小一）とCE1の先生＋校長＋憎っくきジル＋私にミラ本人も交えて、面談と相成った。そこでCE1の先生が「きっちりサポートします」と約束してくれたことが、ジルの気をよくしたらしい。その場であっさりと折れた。こうしてミラのCP時代は、二週間で実にあっけなく幕を閉じた。なんとも合理的なフランスの学校システムにカルチャーショックである。

3　公立小学校は学校週四日制

ここ数年、子どもたちの学力低下を憂える声が強い日本。「元凶はゆとり教育にあり」ということで、昨今の風向きは、もっぱら授業時間数を増やす方向に吹いている。一方、その逆をいっているのがフランスだ。ちょうど昨年からは全国の公立小学校で学校週四日制がスタート。授業があるのは月火木金のみになった。母としては「こんなに休んで大丈夫？」と、不安に思わぬでもない。

そのかわりというか学校のある日は、日本と比べてコマ数は少ないものの、いつも六時間の授業があって相当にハードそうだ。授業は毎日一六時半で終了するが、子どもによってはその後に「エチュード」なるものに参加する。これは自主学習の時間のようなもので、一応現場監督をする大人が付く。宿題をみてはくれるが、細かな指導までは期待できない。片親や共働きの親はエチュードに一八時まで子どもを預けることが多く、私もその例に漏れない。まだ六歳のミラにとっては、勉強ばかりの長い一日だろう。ミラに「大変？」と聞くと「疲れる～！勉強いや～！」との返事が速球で返ってきた。先が思いやられる。

とはいえ学校週四日制のおかげで、彼女の場合、水曜日はダンスとコーラスを習っている。週の真ん中にゆっくり寝坊もできるし、良い気分転換にもなっている。さて子どもの将来に良いのは、日本式かフランス式か？　正直いってよくわからないのだが。

4　インフルエンザの予防接種

今のところ、周囲で新型インフルエンザにかかった人を見かけない。ミラに学校の様子を聞いても「ずる休みのマルジョリちゃんしか休まない」らしく、パリ一五区の子どもは、わりにピンピンしているようだ。先月から新型用のワクチン接種が学童まで拡大したが、周りは懐疑派ばかり。日本にいる子持ちの友人は接種に積極的だというのに、この温度差はいったい何だろう。日本人は他人と同じでないと不安に陥りやすいけど、フランス人は疑い深く、自由を尊重するお国柄だからか？　など、勝手な仮説も頭をよぎる。

かく言う私もジルも、接種にはかなり懐疑派だ。ワクチンの疑わしい成分や、製薬会社の陰謀説に必要以上に振り回されているのか、自分でもよくわからない。何が大事な情報であるかを見極めるのに、私たちはなんと大変な時代を生かされているのか。そんなことを思うと途方にくれてしまう。

さてフランスは、市民の新型インフルに対する恐怖心がやや薄めな気がするとはいえ、実際の死者数は日本と大差ない。接種希望者も増加中だという。そろそろミラに相談しておくころかと思い、「すごく流行ったら注射しようか」と聞くと、猛烈な勢いで拒否された。以前ミラをケーキでつって注射させたのを根にもっていたのだ。「我慢して注射やったのに、薄いケーキくれてズルかった！」と怒り爆発である。食べ物の恨みは、新型インフル以上に恐ろしかった。

パリ・オペラ座の未来のエトワール候補が、「子ネズミ（petits rats）」と呼ばれるバレエの研修生。ミラも憧れて受験も考えたが、体重制限でアウト。やはり自然が一番!?

5　はじめて成績表をもらった

冬休みに入る一週間前、ミラが成績表を持って帰ってきた。中を見ると、細かな項目が五枚の紙にびっしりと並んでいる。日本のように「国語＝よい」「算数＝ふつう」と科目ごとに評価があるのではなく、算数だったら「定規を正しく使えるか」「100までの数を書いて読めるか」といった項目が一六、フランス語だったら「辞書を使えるか」「同じ音でのスペルの違いがわかるか」といった項目が一九もあり、それぞれが五段階で評価されている。こりゃ先生も大仕事だ。

そして気になったのが「世界発見（découverte du monde）」という素敵な名前の科目。これはCP（小一）とCE1（小二）の生徒に、時空間や社会についての認識を深めさせる目的の授業。こちらも「きのこの特徴を知っているか」とか「カレンダーを使えるか」といった、妙に具体的な項目が並ぶ。また「児童の権利に関する条約を知っているか」という項目まであるのは、権利に敏感なフランスらしい。こうしてフランスの子どもたちは、幼い時から良くも悪くもしっかりと「権利の概念」を植え付けられるのか。

さて肝心なミラの成績だが、飛び級をしたわりには大健闘。「算数が全部Aって私の子じゃないみたい」と褒めると、「先生がね、頑張ったからサンタからプレゼントをたくさんもらうのよって、ね」とニッコリ。ちゃっかりと「子どもの権利」を主張するのを忘れなかった。

6　小学生必携はアルドワーズ

日本では見かけないフランスの小学生必携の道具とは？　答えはペンで書いて消せるミニホワイトボード、「アルドワーズ（ardoise）」だ。ジルの時代はミニ黒板にチョークが主流だったという。毎年新学期前には、色とりどりの縁がついたアルドワーズが店頭に並ぶ。

使うのは算数とフランス語の授業が多い。問題を出された子どもたちは、先生が手を叩く合図とともに、一斉に答えが書かれたアルドワーズを上にあげる。なんだかテレビのクイズ番組に参加しているようで楽しそうではないか。算数だったら主に計算の答え、フランス語だったら筆記体の練習、反意語、読解問題の答えを書き込ませたりと用途は無限大。ミラに言わせれば「アルドワーズをみんなが一緒にあげるから、いろんな色があってjardin（お庭）みたいになってキレイ。緑とか青、紫、ピンクもある」のだとか。

しかしノートがあるのに、なぜわざわざアルドワーズを使うのか。それは生徒の理解度が一目瞭然である、授業に全員参加させられる、素早く書いて消せるのでテンポのある授業になるといった長所があるからだそう。ちなみにこの授業法は一九世紀前半にフランス第二の都市リヨンの小学校で編み出されたもので、この小学校の名をとり「マルティニエールのメソッド」などと呼ばれている。

日本では数年来、フィンランド式の教育ばかりに注目が集まっているけれども、部分的にはこんなフランス式を取り入れてもよさそうだ。

7　死ぬのが怖くて泣くことも

「海賊がイヤだから『ピーターパン』は読まないで」と頼むミラ。もともと気は小さいが、ジルがミラに二歳で死んだ女の子の墓を見せたり、「日本では死体を焼いて骨を拾う」なんて生々しい説明をしてからが大変だ。数ヵ月に一度は、死の恐怖で泣くのが恒例行事になった。ジルは「いつも子どもには本当の話を」と諭すフランスの精神科医フランソワーズ・ドルトの教えでも曲解したのか。オブラートに包める真実だってあるだろうに。

ある時は「ママ死んじゃヤダ！」と抱きついてきた。こっちとしては近く死ぬ予定はないの

ちなみに論理的なお国柄だからか、幽霊を信じるフランス人はあまり見かけない。

だが、もう死ななきゃいけない気がして困った。最近は「時々泣いちゃうの。死んだらどうなるか、その感覚がわからない。だから眠れない」とベッドでつぶやいていた。悩みもいささかグレードアップしたらしく、親としては答えに迷う。たいていは前向きなことを言って励まそうとするが、かく言う自分も放り出された人生への不条理感が完全に打ち消せているわけでもなく、何とも頼りない。

そんなことを友人に話すと「自分も小さいころ、死んだらどうなるか大人に聞いて困らせていたけど、だんだんどうでもよくなってくるんだよね」との返事が。そんなもんか。私たちは忙しさに任せ、不条理にもふたをして生きる術を得る。その一方で死をストレートにおそれる子どもは、一見滑稽ではあるが、なんだかとても自然な姿に見えてくるのだった。

8　まま母候補にひそかな対抗心

奥手なジルに新しい彼女ができた。だからミラもジルの彼女マイウェンに遊んでもらう機会が増えた。今ではミラはパパとママの家が別々に存在し、それぞれ違う生活があるという現実も、それなりに受け入れているようだ。「パリのカップル離婚率は五割」と聞いたことがあるが、周りでも離婚家庭の子どもは決して珍しくない。そんな子どもたちの間では、余計な感傷は交えずに「私のまま母がね」「私のまま父がさ」などと、クールなおしゃべりが飛び交うこともある。ミラも自分だけが例外ではないと悟るのではないか。

マイウェンはガーデニングが趣味の家庭的な人で、ミラに花のお世話の仕方を教えてくれるらしい。私には決して教えられないことだし、こうやってミラが様々な形の愛情を受けて育ってくれるのならば、単純に嬉しいものだ。

だが最近、ミラがジルとマイウェンとバカンスから帰ってきた時のこと。ミラの前髪が異様に短くなっていて驚いた。マイウェンが親切で切ってくれたのだが、どう見てもワカメちゃんの前髪だ。出発前、ミラの前髪はたしかに長めだったが、それは髪質を考え私がわざと伸ばしていたものだ。しょうがないので「前衛的！　オードリー・ヘップバーンもこんな前髪だったかも」とお世辞を言ってはみたが、内心穏やかでない。なぜミラは、前髪を元祖ママちゃんではなく他人に切らせたのか。こんな時、まま母候補への秘かな対抗心がないといえばうそである。

ルポルタージュ……アソシエーション探訪2「希望の子どもたち」

養子縁組の斡旋をする

パリ郊外ノワジエル市にある養子斡旋のアソシエーション「Les Enfants de l'Espérance（希望の子どもたち）」を訪ねた。インドやリトアニア出身の子どもたちとフランスに住む親候補との間の橋渡しを目的とし、毎年約一五組の新家族を誕生させているという。

代表を務めるテレーズさんによると、フランスにおいて養子縁組は古くから存在するが、市民権を得てきたのはここ二〇年くらいだ。「私も自分の三人の子どもは、皆インドから迎えた養子。私が子どもを迎えた八〇年代は、まだ養子の事実を周囲や子ども本人に隠すことが多かったもの。現在はずっとオープン。隠している家族はもうないでしょうね」。

加えて、最近は養子を求める人たちの顔ぶれも多様になった。すでに子どもがいる人が新たに養子を欲しがる例は非常に多く、また独身で養子をもらう人も出てきた。

しかし養子制度が身近になるにつれ、おかしな現象も現れたと彼女は指摘する。子どものない夫婦の中には、「子どもを育てるのが義務」と勝手に思い込んでいる人がいるのだとか。またごく少数ではあるが、「子どもは選択できる

もの」という意識を持つ人も。
「だから写真を見せるのはいつも最後の段階。希望者にはその前に熟考してもらうのです。子どもを迎えるというのは、どんな子でも受け入れる覚悟が必要。選択という感覚は一切持ってほしくないですね。子どもとの出会いは運命に近いもの」ときっぱり。
最後に赤ちゃんの時にテレーズさんのもとにやってきた子どもたちについて聞いてみると……。「私は数学の教師だったのに、うちの子はみんな算数が苦手でね（笑）。養子だからかなともちょっと思ったけど、現在二人の娘は芸術専攻。息子はロンドンでホテル勤め。彼らがいなければ毎年インドに行くこともなかったわ。私の世界がぐっと広がったのも、ひとえに子どもたちのおかげなんです」。

♪♬♪

9　ミラの日本語がピンチ？

小学生になり早九ヵ月。ミラのフランス語が急激に「マセたパリジェンヌ+チンピラ風」に傾いてきた。きっと友だちと影響を与え合っているのだろう。早口でまくしたてる様子は、なんとなく自信ありげで偉そうだ。一方で日本語を話すミラは、ちょっと頼りなさげで幼くも見える。思えば自分の場合だって、日本語とフランス語を話す自分は少々違う人間っぽい。フランス語を話す時は必要以上に真面目モードだ。面白みに欠け、自分でも居心地が悪い。私の場合は単に言語能力の違いが原因だろう。ミラは生まれた時から日本語使いだから状況は異なるはず。とはいえ日本語を使うミラの方がどこか頼りなさげに見えるのは、やはり彼女の日本語が、フランス語に押され気味だからには違いない。これはピンチだ。

今は残念ながら予定が合わないため、日本語補習校に通わせてあげられないから、日本語教育はせいぜい私が自己流で教えてあげるのみ。先生は私一人だから、やや強引でもなるべく多様な日本語に触れさせようと意識はしてはいる。例えば先日のこと。ミラに新しい言葉を教えようと、やや不自然ではあったが「ミラちゃんはママの誇り！」と言ってみた。そしたらミラの顔は段々と曇り、ついにはテーブルの下に潜って出てこなくなった。そして腕を組み「私はゴミじゃなーい！」と怒りの一声。どうも「誇り」と「埃（ほこり）」を間違えているらしかった。

10　フランスの小学生は詩を暗唱

フランスの小学生の頭の中はポエムでいっぱいだ。フランス語の授業枠内で詩の暗唱が組み込まれているからだ。ミラもリクエストをすれば誇らしげに詩を暗唱してくれる。きっとフランスの子どもの鼻は「ポエム・スイッチ」で、プチッと押せば詩が口から流れ出る仕掛けになっているのだ、そんな妄想によく私はとらわれる。

さてCE1（小二）のミラの場合、たいてい毎月一編の詩が課題で割り当てられる。詩は三〜四パートくらいに分けられ授業内で少しずつ教わる。そして暗唱の宿題も出され、月末までに詩を全部覚えるよう指導される。きっと暗唱はリズムとイメージの力で言葉を身体的に身につける良い学習法なのだろう。課題に選ばれるのはプレヴェール、ユゴーといった定番作家から、フランソワ・コッペ、モーリス・カレムといった日本では知られていないが国内で有名な詩人のものなど様々。ラ・フォンテーヌの寓話詩『アリとキリギリス』を丸々暗唱なんていうのもあった。一七世紀の古い表現もそのまま暗唱させるが、たいていの子は難なく覚えてしまうらしい。

先日のこと。セーヌ川沿いを散歩していたら、ふいに隣にいたミラの口から「セーヌはのんびりと流れゆき、ノートルダムは嫉妬する……」なんて文句がついて出てきた。そんな詩の一片を耳にした途端、私にとって見慣れたはずのパリの風景が急に輝いて見えたのだった。

11　日本の小学校に体験入学

この夏の大イベントはミラを日本の学校に体験入学させること。昨今、日本では多くの小学校が一時帰国中の児童を受け入れるようになった。パリと東京では夏休みの長さが違うため、パリの学校を休ませることなく東京の学校に二週間通える。しかし「体験入学」という公のシステムが存在するわけではなく、各学校長の善意を当てにしている面もある。ミラは私の姉の子どもが卒業した公立学校に通う予定に。住民票の提出などはないが、保険は入るよう念を押された。

出発が近づくなか、姉から「小学校にはイジメがあるかも。特に人の心がわからない低学年は容赦ない」との恐ろしいメールが。姉の二人の子の場合、息子は天然パーマから「モジャ」、娘は目鼻立ちから「ガイジン」と呼ばれ入学直後に泣いたとか。ジルの天然大仏パーマを受け継ぐミラは、まさに真性「モジャ・ガイジン」。格好のイジメターゲットになりそう。そこでミラには「からかわれたら笑いで返せ」とアドバイス。例えば「モジャ」と呼ばれたら「これが最先端」、「ガイジン」と呼ばれたら「ガイジンどぇっす」とピースするよう伝授。一発ギャグも復習に励む。

だがそんなことを必死にレクチャーしていると、ミラが急にうつむき「日本の小学校がこわい……」とつぶやいた。ちょっとマイナスイメージを与え過ぎたか。なんとか日本の学校を楽しんでくれれば良いのだが。

12　日本の小学校を満喫した

七月の二週間、ミラは東京の小学校に体験入学した。一年生は学年に二クラス。隣のクラスにも体験入学でアメリカから来た子がいた。学校側は外国から子どもを迎えることに慣れており、初日から歓迎モード。「半ガイジン顔はイジメられる?」という心配は全くの杞憂に終わった。

今回通った台東区の学校は公立でも伝統的に制服（標準服）がある。ミラは制服がいたく気に入った様子で、ブラウスやプリーツスカートは放課後も脱ぎたがらない。ついには「写真撮って！」といろんなポーズで迫ってきた。授業は国語、算数はもちろん、絵日記を書いたり工作をしたりと盛りだくさん。掃除や日直、給食当番も新鮮な体験だったらしい。上履きに履き替えることさえ「いつもの靴が長生きするね」と喜んだ。

さて日本では、一年生でも子どもだけで登下校をさせるのが基本。一方フランスでは、低学年の子には大人の送り迎えが義務だ。私としてはフランス式に慣れているから、子どもだけで歩かせるのはとても不安。しかしミラは、「私は赤ちゃんじゃない。ママは来ちゃダメ！」と主張する。しょうがないので、結局ミラが友だちと歩く後ろを、三〇メートルくらい後から尾行することに。なんとなくスパイにでもなった気分を味わえた。

こうして脳みそも溶けそうな猛暑の中、日に日に伸びる建設中の電波塔スカイツリーを仰いで通った体験入学の日々は、夢のように過ぎた。

13　「混合クラス」も悪くない

二〇〇二年に『ぼくの好きな先生（Être et avoir）』というドキュメンタリー映画がヒットした。舞台は山間の小さな学校。三歳から一一歳の子どもたちが同じクラスで仲良く学んでいた。かつて私はこの作品をほのぼのした気持ちで観ていた。ところがそれは他人のお話だからだった。

この九月にミラはCE2（小三）に進級したのだがクラス名は「CP／CE2」。つまりCP（小一）とCE2が一緒の混合クラスだった。実際に自分の子が混合クラスに入るとわかると途端に不安に。我ながら勝手なものである。ママ友によると今年CE2は人数が多いため、CPの子を入れたクラスを新設したという。先生が独りで二学年も違う子を教えるなんて。小一に足を引っ張られたらどうするのか。思わず担任の先生につめよってみたが、ベテランそうな先生は「まったく問題ないわ！　フランスではよくあること」とニコリ。なんとなくモヤモヤがとれぬままに一ヵ月が経過した。

ところがミラは意外にも「CPの子は面白いし去年より楽しい」と言うではないか。先生がCPを教えている間、CE2は自習をするそうだが、別に先生を横取りされるというケチな意識もないらしい。もともと混合クラスは比較的先生の話を聞く子が集められるため、かえって授業はスムーズに進むようだ。それに学年の違う子も身近に感じられて良さそうである。最近は混合クラスで良かったかもと思うのだった。

14 「セパマフォット」と言わないで

たまにミラは「セパマフォット」とか「セパグラーヴ」といった表現を使う。これが私は相当気に入らない。「セパマフォット」は「C'est pas ma faute ＝私のせいじゃない」、「セパグラーヴ」は「C'est pas grave ＝大したことない」という意味。両者とも責任逃れのニュアンスがぷんぷん漂う。きっとわが同胞、在仏日本人たちの嫌いなフランス語ベストテンの堂々上位にランキングするのではと、勝手に思っている。

最近私がスーパーで買い物を終えた時のこと。レシートを見たら、かなりの計算間違いがあった。面倒だったが早速店員を問いつめてみる。すると店員は非を認めて返金はしたが、謝罪は一切なし。ひと言「セパグラーヴ」ときたもんだ。そう、フランスでは自分がした過ちに対しても「セパグラーヴ」をよく使う。これがなかなか日本人である私の感覚には、一〇年住

個人的には、フランス人から「お好きなように」を意味する「コムヴヴレ Comme vous voulez」「コムテュヴ Comme tu veux」という表現で返事をされると、場合によってはイラッとする。

んでも受け入れ難い。ムカムカしながら家に帰り、早速ミラに愚痴る。

その晩、ミラを預かってもらうためジルと駅で待ち合わせ。ところが奴は約束の時間より随分と遅れてやってきた。そして開口一番、「ごめん、でもセパマフォット！　だって電車が遅れたから」。ふん、そうですか。でも「セパマフォット」は余計ではないか。早速横にいるミラに同意を求めるが、「パパは何も悪くない」と、ジルの肩を持つ。少々異国で孤立気分を感じた週末の夜であった。ま、セパグラーヴ⁉

15　九九は日本式？　フランス式？

その昔、自分は子どもに「勉強しろ」なんて野暮なことを言う親には決してならないと思っていた。だが自分が親になると、しっかり野暮な親になるものだ。フランスでは小学校低学年でも宿題がきっちり出されることが多い。つい毎日「宿題終った？」とうるさく問いただす自分がいる。のび太を心配するドラえもんの気持ちが、今さらながらよくわかる。ただミラからは「うるさママ」とあだ名を付けられたので、自制しなければと思う。

さてCE2（小三）のミラが最近頭を悩ませているもの、それが九九だ。私は以前から日本式の九九をちょっとずつ教えてはいた。トイレにも日本式九九の表を貼った。だが当然ミラは、学校ではフランス式の九九を教わる。そしてフランス式というのが、私から見ると、どうも使い勝手が悪いのだ。「さざんがく（三×三＝九）」で済むところを「トワフォワトワヌフ」と、やや長い。だから「日本式の方がリズムが良いし便利だよ。フランス人が計算苦手なのはこのせいじゃない？　おつりすら計算できないし」などと失礼なことを言うと、ミラは「学校ではフランス式を覚えなきゃだめ！」と怒る。まあもっともなことだろう。それによく聞くと、フランス式九九も一応リズムがあるようだ。

普段、ミラに日本語会話を強制しているだけでも相当負担だろうに、やっぱり日本式九九まで押し付けてしまうのはちょっとかわいそうか。でもやっぱり日本式九九は素晴らしいのになあ！　と、妙にあきらめ難い私だ。

16

日本関係の遊びが人気

冬休み、ミラが見ていたテレビはアニメ番組が多かった。日本の女性音楽ユニットが主役の『ハイ！　ハイ！　パフィー・アミユミ』、いわずと知れた『ポケットモンスター』、忍者が出てくる『手裏剣スクール』などなど。どれもこれも日本をモチーフとしたものばかりではないか。

学校でも日本関係の遊びは人気が高い。ポケモンカードは一度も買ったことがないのに溜まる一方だ。ミラがアニメ『きらりん☆レボリューション』の歌を、学校の友だちと日本語で歌って踊っていたのには驚いた。ミラのいとこのエリザは、普段から緑のウイッグをかぶり、初音ミクのコスプレを楽しんでいる。どうも数年遅れで流行がフランスにも上陸するらしい。ジャパン・エキスポやYouTubeの成功も、ジャパニーズカルチャーの広がりを後押しする。シリーバンズ（形状記憶のシリコン製ブレスレット）が登場した時は「やっとフランス産の玩具が出た」と嬉しかったもの。ところがほどなく、こちらも日本の商品から派生したものとわかりがっかりした。

フランスの子どもが日本に興味を持ってくれるのはとても誇らしい。だがフランスならではの遊びが生まれにくい状況ならばちょっと寂しい。先進国の子どもが好きなものは、みな似たり寄ったりなのだろうか。ミラにフランスならではの遊びはないのかと聞いてみると、「あるある、『ヌーヴェル・スター』ごっこ」と得意げに答える。M6局の人気オーディション番組の真似っこだ。しかし要は往年の人気番組『スター誕生！』と、あまり変わらないような……？

17　もうひとりで寝ないと

最近、ジルとイザコザが勃発した。私が七歳半になるミラと、まだ一緒のベッドで寝ていることがバレたからだ。ジルは「ミラの成長を妨げている！」とご立腹。広く知られている通り、フランスでは赤ちゃんでもひとり寝させるのが基本である。

言い訳をさせてもらえば、私もミラがひとり寝できるよう、ことあるごとに努力はしてきた。しかしミラがあまりに泣いて嫌がるので、無理強いしなかったのだ。日本ではかなりのママが小学生の子と一緒に寝ていることもネットで知った。「十分甘えさせる、結局はその方がすんなり親離れする」、そんな意見に共感していた。そもそもマザコン率はどう考えても日本よりフランスの方が多いではないか。ジルだってしっかりマザコンなのを私は知っている。べべ（赤ちゃん）時代に無理にママンから引き離されたことが関係してるんじゃないの？　と、意地悪な考えも浮かぶ。

ミラはというと、パパに叱られたことが相当効いたらしい。ついに〈ひとり寝宣言〉をしたのだ。私が「日本じゃまだ親と寝る子もいる年齢だし、無理しなくてもいいよ」と言うと、ミラは「でもここはフランスだから」と答える。そしてその夜から、本当にひとりで寝るようになったのだ。とはいえおねしょをしたり、明け方に私のベッドに来たりもするが、まあ大進歩だろう。

思えば私がミラに依存している面も否定できない。私の子離れ修行にも良い機会なのだろう。

18　掃除や給食当番がない

当然ながら日本とフランスの小学校は違う。フランスは「合理的」と感心することが多いが、その一方で味気なさを感じることも。例えば日本にある「掃除当番」や「給食当番」が、フランスには存在しない。掃除は掃除人を雇っているようだし、給食は食堂があり、大人がご飯をよそってくれる。ミラの場合は去年、東京の小学校に体験入学をした時に、初めて校内で掃除や給食当番を経験した。これがなかなか面白かったらしい。フランスに帰ってきてからも「ママは下手ねえ」と、ご親切にも私から雑巾を取り上げ、絞り方をレクチャーしてくれたものだ。

だからミラに「フランスにも掃除当番や給食当番があった方が楽しいのにね」と同意を求めると、意外にも「ない方がいい」とつれない返事が。「勉強だけで超疲れるのに、掃除までしたらもっと疲れちゃうよ」とのこと。たしかにフランスは授業が週四日だけなので、生徒は朝から夕方までキッキッで授業を受けている。そこに掃除などが加わっては、大層重荷になるのだろう。

さて最近私が耳かきをしていた時のこと。ミラが「日本の小学校で習うの？」と感心して聞いてきた。日本では勉強以外のいろんなことも教えてもらえると思ったのだろうか。フランスには耳かきはないので、私一人で耳かきを操る姿は、かなり高度な技に映ったようだ。このまま「母はすごい」と思わせておこうと思う。

19　一時帰国して良いものか？

この夏にミラを連れて、東京に一時帰国して良いものか悩んでいる。日本で被災された方のことを思えばふざけた悩みに違いない。まずはジルに相談。原発大国フランスは事故への関心も高く、メディアでは時おり厳しい論調も目立つ。ジルとて決して楽観的ではなかった。「ミラと一時帰国？　絶対にダメ！」と譲る気配はない。良くも悪くも、いち早く日本から脱出を決めたフランスだけはあるのだ。

仮にジルの意見を無視して、ミラと一時帰国をしたらどうなるだろう。フランスでは離婚後にも親権は両親にある。だから例えば、母親が父親の承諾なしに子どもを国外に連れ出すことは刑罰の対象だ。ひどい時には誘拐犯扱いになる。もしや私もそのパターンに足を踏み入れかねないのではと、嫌な想像も広がる。

しかし日本には、今も友人や家族が住んでいて、日常を取り戻すべく頑張っている。こんな時こそ励ましに帰るべきでは？　そんな熱弁をふるってみると、ミラは「そうだね」とうなずく。「でもパパが怒るよね」と言えば、また「そうだね」とうなずく。ここで「じゃあ、どっちがいいわけ」などと七歳の子をなじる私は、相当病んでいる。そして内心、ミラを心から心配するジルの言葉に安心を覚える自分もたしかにいるのだ。

３・11以降は、やけに当たり前の日常の有り難さが身にしみる。フランスでも原発に関する根本的な議論が、もっと活発になってほしい。

２０　ミラに説教された

東京の父から小包が届いた。在仏一二年にして初めてのことである。「アルファベットが難しいから住所が書けない」とかいう変な理由で、これまで手紙さえもらったことはなかったのだから驚いた。中身はミラの誕生日ということで子ども服がメインではあったが、なぜか私のための洋服もちらほら。もちろん気持ちは嬉しいのだが、洋服の趣味がなんというかイマイチ。正直、自分にはあまり着たいものがなかった。

それでついミラに向かって「あちゃー、こんなの新品で買うなら、本や食べ物が良かったよ、アハハもったいない」とか、「世の中には人が欲しい物より自分があげたい物をあげる人がいるからさ」など、言いたい放題の暴言を吐いていた。すると次第にミラの顔は曇り、ついに仁王立ちスタイルに。そして「ママはひどい！　意地悪だ！　せっかくじいちゃんが送ってくれたのに。可愛い洋服じゃない、大好きだよ」とカンカンに怒り出した。挙げ句の果てには「じいちゃんはママに命をくれた人でしょう！」と説教風の名言まで飛び出し、思わず平伏したくなる。

そんな一悶着はあったが、小包に添えてあった父からミラへの手紙は良かった。「誰にでも優しい女の子になってください」という文句は、私への当てつけに見えなくもないが、まあ有り難いことである。本当に、私に似ないで誰にでも優しい女の子になってくれることを願っている。

Saison5

そして少女になっていく

（小学校中学年　８歳～９歳）

1　お手製「三角クジ」を作った

ミラは一応日本語は喋るが、読んだり書いたりは難しいらしい。補習校に通う余裕がない現在、気軽にできる日本語対策はやはり読書だろうか。なるべく夜は日本語の本を読んであげてはいるものの、ミラが一人で読書する際に手が伸びるのは、フランス語の本ばかり。

そこで苦肉の策として編み出したのが「三角クジ」。一時帰国した時に、ミラが日本のおみくじに妙に心惹かれていたのを思い出したのだ。京都に行った時は、寺社に寄る度におみくじをひきたがったので、あきらめさせるのにかなり手を焼いたものだ。

お手製「三角クジ」の作り方は簡単。まずは折り紙を用意。白い方に「今日は赤い色がラッキー」「ケガにちゅうい」といった有り難い神様のご神託（？）の数々を、イラスト付きで書く。ミラも一緒に書いていくので、彼女には日本語の練習にもなるだろう。そしてそれらを紙の箱（私たちは靴が入っていた箱を使用）に入れ、表面に手が入る大きさの丸い穴を開ければ完成だ。トイレに置けばいやでも一日一回は目にするので、忘れずに引ける。しかし最近はミラもおみくじの内容をすっかり覚えてしまったのか、ちょっと飽きてしまった様子。早くまた新しいご神託を補充しないといけないのだが。

そんなこんなで手探り日本語教育をしているが、どうも結果は思うようにはついてこない。だがまずは日本語を身近に感じてくれるのが大切なのだと思う。

2　フェット・ド・ラ・ミュージック

フランスの夏はフェット・ド・ラ・ミュージックで幕を開ける。ジャック・ラング文化相が始動させたこの音楽祭も、今年で三〇年目。夏至の日は無数の路上ライブで国中が音楽で溢れかえる。私も以前は率先して楽しんでいたが、ミラが生まれてからは「わざわざ子どもと人混みなんて」と、とんとご無沙汰状態に。ところが今年はミラ本人が「行きたい」と主張。一緒に区役所前の無料ライブに足を運ぶ。近所だから、ミラもすぐに学校の友だちに会えた。

ライブが始まると、まずは子どもたちが踊り出す。客席から一段高い石段の上には「VIP」の張り紙付き白テントが張られ、役所関係者がさりげなく高そうなワインを飲んでいた。おじさんカントリーバンドの演奏後は、アンティル諸島出身とおぼしきバンドが登場。子どもからの突然のリクエストに応えて、マイケル・ジャクソンの「ビリー・ジーン」が流れると、会場は老若男女入り乱れてのダンス大会に突入。ミラも友だちと手をつなぎグルグル回ったり、アーティストの目の前に陣取り、声援を送っていた。

翌日ミラが朝ご飯を食べながら「昨日は生まれてから一番楽しかったな」と呟いた。思わず「えー、これまでいろんな所に連れてってたのに、昨日が一番だったの？」と聞くと、「うん、ごめんね」とさらっと返された。母としては少々悔しくもあったが、こんな催しが身近なフランスは、やはり悪くないと思うのだった。

3　口にしにくい言葉たち

在仏日本人女性にとって、ちょっと困るフランス語の代表格が「チンチン（tchin-tchin＝乾杯）」ではなかろうか。ここはワイン大国・飲んべえ天国だから、普通にフランス人と交流していれば、嫌でも日々使わざるを得ない。これが照れずに堂々と口にできるようになれば、フランス社会にかなり馴染んだ証拠かもしれない。とはいえ未だに少しばかり抵抗感がぬぐい切れない自分は意外にウブなのか。いや皆そんなものか。

一方、便利で羨ましいフランス語に「ゼゼット（zézette＝女性器の幼児語）」というのがある。響きがどこか可愛らしく、使っても後ろめたさを感じない。しかし私はミラと話す時はフ

夏至の日に開催するフェット・ド・ラ・ミュージックの日だけは、音楽振興のため、演奏する音楽の著作権を請求されずに無料コンサートを開くことができる。

ランス語を一切使いたくない。だから以前、ミラがもっと小さい頃、「ゼゼット」に相当する日本語を探してみたのだが、見つからなかった。しょうがないので、例えば「ゼゼットをちゃんと洗って」などと言いたい時に、適当な言葉でごまかし続けていた。そしたらある日、ミラが自分の性器を指して「お尻」と言ったので、さすがに「これはまずい」と焦った。だから現在は「おまた」という言葉で代用中だ。

もっと可愛らしい言葉はないものか。あの放送禁止用語は使いたくないし、「ゼゼット」を使うのも、日本語オンリーにしてる自分には敗北感を感じる。一体、世の日本人ママはどうしているのかな。こっそり教えてほしいものだ。

ルポルタージュ……アソシエーション探訪3「映画の子どもたち」

名作鑑賞を授業に組み込む

日本でいわゆる〝アート系〟とも言われる作家映画は、観客を三万人も集めればヒットと見なされる。ところがフランスでは、同じような作品が桁違いの大ヒット作に化けやすい。日本より人口は半分であるのに、最近はイラン映画『別離』は九二万人、フランス映画『神々と男たち』は三二〇万人の観客数を記録。興行ランキングにはハリウッド作品やテレビ局肝いりの売れ線コメディが目立つとはいえ、その合間を縫うように、大衆に支持される質の高い作家映画もきっちり顔を出している。なぜこの国では敷居が高めに見える作品も、気軽に楽しめる人が多いのか。秘密は映像教育にもありそうだ。

アソシエーション「映画の子どもたち」は、子どもたちへの映像教育に尽力する非営利団体。文化省管轄の国立映画・映像センターと、国民教育省から助成金を受ける。設立は一九九四年。映画館と学校の双方と協力関係を結び、幼稚園から高校まで、授業の一環として質の高い名作を年三回以上鑑賞させている。担任の先生による作品解説の他、映画監督を学校に招待したり、映画のポスターを制作するといった関連アトリエを実施することも多い。子どもが映画を発見する喜びに目覚め、芸術への感受性を磨いていくのが目的だ。

「そもそも本活動は、国が映画を芸術と認めているからこそ可能」。こう語るのは「映画の子どもたち」のスタッフ、オリヴィエ・ドゥメさん。フランスでは日本と同じく、美術や音楽といった芸術教育が時間割に組み込まれている。だが日本と違うのは、教師が各県に配置される「映画の子どもたち」の現地コーディネーターに申し込むことで、映画鑑賞を芸術教育の一環として授業に組み込むことができる点。日本の学校があくまで映画を「娯楽」と見なし、たまにご褒美的な息抜きの課外活動として「映画鑑賞会」を実施するのとは、次元が違うと言える。

映像教育は子ども向けだけに留まらない。映画を語る教師への教育も大事な使命と考えている。教師は生徒に映画を見せる前に、必ず教師用の解説付き特別試写に参加。子どもの質問にしっかり答えられるよう、作品を詳細に分析した資料で予習する。さらに「映画の子どもたち」がお膳立てする講習会の参加も義務で、その間、教師は学校を休むことができる。

八歳からジャン・ルノワールを見る

「映画の子どもたち」は毎年四、五本の名作を厳選し、鑑賞リストに加えている。現在、カタログに並ぶタイトルは全八〇本。「毎回必ず古典と現代の作品を混ぜて選ぶようにしている。豊かな映画史を、子どもたちに丸ごと体感させたいという野心がある」とオリヴィエさん。その野心は作品を見れば一目瞭然だろう。五歳からボリス・バルネットの無声映画『帽子箱を持った少女』、ロバート・フラハティのドキュメンタリー『極北のナヌーク』、八歳からジャン・ルノワールの『素晴らしき放浪者』、小津安二郎の『お早よう』、ジャン・ヴィゴの『新学期・操行ゼロ』を見せるといった具合。これらの作品は、残念ながら日本においては、たとえ名作と高く評価されていても〝シネフィル御用達〟と片付けられがちだ。しかしここではあくまで、「子どもたちの自由な感性を刺激しうる芸術作品」と捉えているのが印象的である。作品リストにはアジアやアフリカといった海外の作品も目立つ。なるべく現地の言葉を直接耳にできるよう、小学生の中学年くらいからは、吹き替えよりも字幕付きが優先される。このように映画作品を通して多様な世界に触れることは、画一化されゆく現代世界への批判精神を養うことにも、しっかりつながっているだろう。

二〇一〇年には、全国二万七千のクラスに籍

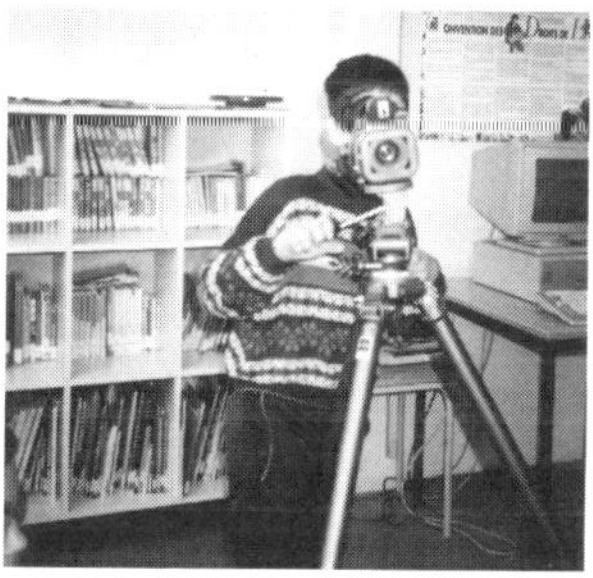

を置く六四万人の生徒が、「映画の子どもたち」が推薦する映画を、授業時間中に鑑賞したという。これはフランス全体の一一・六%の生徒に相当する数だ。活動は主に教師同士の口コミで広がりを見せており、鑑賞率は常に上昇傾向にある。さらに言えば、シネコンの攻勢で苦しみがちな町の小さなアート系映画館にとっても重要な試みだ。一般客がいない朝の時間帯を有効利用し、大量の子どもを客として一挙に迎え入れられる利点がある。子どもたちに映画館を身近に感じてもらうことで、将来の潜在的な観客を育ててもいるのだ。

だが昨今、新たな問題も浮上している。数年前から続く政府による教師職の削減政策の煽りを受け、例えば、教師が映画の講習会に参加したくても、代理の教師が見つけられずに泣く泣く実施を諦める例が増えてきたという。

「参加した教師や子どもたちは皆満足し、我々も教育効果を感じている。世界に誇る貴重な映像教育プロジェクトだから、抜本的な解決策を見つけて存続させたい」と、オリヴィエさんは真摯に訴える。

♪♬♪

4　パーカッションを始めた

新学期、頭を悩ませるのが子どもの習い事。ミラはコンセルヴァトワールで四歳からダンスとコーラス、六歳からソルフェージュを習っている。「もう八歳だから楽器もできるよ」と言うと、意外にも「パーカッションがやりたい」という返事が返ってきた。内心、無難なピアノかギターを選んでほしかったのだが、「みんなと違う楽器がいい」という言葉に、いとも簡単にほだされた。ただし送り迎えが大変になるので、残念だがミラにダンスはやめてもらった。

当初、私は「パーカッションの授業」を勘違いしていた。コンガやボンゴのような手で叩く楽器だけを習うと思っていたら、ドラムや木琴なども含む「打楽器全般」がほぼ守備範囲だという。なんだか急に得した気分だ。それにあまり人気がない授業だから、先生だって独占できる。音楽関係の仕事に就くジルは娘の選択を喜び、「パーカッションは仕事が見つけやすい」などとのたまう。ミラも両親のように将来、不安定稼業に就いてしまうのかと、一抹の不安がよぎらなくもない。

さてミラも最初のパーカッションの授業に満足した翌日。以前オヴニーの取材で会った霊能者さんに五年ぶりに会った。ミラの習い事について話してみたら、「彼女はパーカッションはやめて、いずれダンスに戻る」と断言され、大いに拍子抜け。まあ天の声に惑わされ過ぎずに、本人の好きなようにやらせようとは思う。

5　まま母に母親の座を取られそう

ジルの彼女のマイウェンはミラを可愛がってくれるが、少々ありがた迷惑に感じる時もある。

例えばミラのダンス発表会があると、マイウェンはジルが仕事で来られなくても、一人でやってくる。一番良い席を陣取って応援するその姿は、本当の母親以上に母親らしくて複雑だ。また私がお土産でミラに二〇センチ定規を買った時は、同じ日にマイウェンは高そうなケルト風の銀のペンダントをプレゼントしていた。喜ぶミラを横目に「私が去年あげた鹿ちゃんのペンダントはちっとも付けてくれないね」と憎まれ口を叩く私。まるで恋人にすねる浅まし女だ。

数日後、リベンジというわけではないが、ミラに子ども用の料理本をプレゼントした。そしたらすでに同じ本がジルの家にあるというので大いに落胆。かえってミラが「もう一冊あっても便利だよ」などとフォローしてくれたのもみじめである。

そんな折、マイウェンが実家でミラを呼んで仮装パーティを開いた。マイウェンはミラに着物を着せたというが、後で写真を見せてもらったら、いかにも外国人が勘違いした舞子風ヘンテコ日本人娘だった。赤いおちょぼ口に髪にはかんざし代わりの箸。着物もどきの布を肩にかけている。すかさず「こんなの本当の日本人じゃないよ、ははは」と鬼の首を取ったように勝ち誇る私。

こんなことで優越感に浸っているようでは、母親の座は相当に怪しいのである。

6　アドベントカレンダー作り

クリスマスが近づくと、アドベントカレンダー（calendrier de l'Avent）がちまたに登場する。これは一二月一日から二四日までの日付が書かれたカレンダーであり、子どもは各日付の扉を開けるとお菓子や玩具をもらえる仕組みだ。キリスト誕生をカウントダウンしながら祝うもので、もともとはドイツ発祥らしいが、フランスでもかなり市民権を得ている。

我が家は毎年スーパーの既製品で済ませていたが、今年はミラが「ママと作る」と言い出した。ミラはお菓子を入れる箱として、二四個のプチスイス（フレッシュチーズの一種）の空き容器が必要だと主張。

「もっと前から言ってくれ」と思いながら、慌ててインターネットでプチスイスをたくさん使えるレシピを探した。アイスにケーキ、グラタンといろいろあったが、さすがに二四個を二人で一気に食べるのはお腹も壊しそう。考えた末、そういえば折り紙で箱を作ればいいだけだと思い至る。日本文化万歳だ。

作り方は厚めの紙にサンタの絵を描き、表面はカッターで切り込みを入れ、二四の扉を作る。裏側からはお菓子が入った小箱を付ければ完成だ。とっても簡単！　と紹介したかったのだが、実は一二月七日現在、まだ完成していない。使った紙が厚過ぎて、不器用な私が、カッターで切り込みを入れるのに非常に時間がかかっているからだ。

「早くしないとクリスマスがきちゃうよ」というミラの声が、悲しくこだましている。

コラム……型にはまらぬ家族観、まっすぐに幸福追求

かつてミッテラン大統領は、自身の隠し子について記者に質問され「エアロール（だから何？）」と平然と切り返した。この有名なエピソードは、フランスの政治家にとって私生活のスキャンダルが痛手にならないことを物語る。それを証明するかのように、大統領選で熾烈な争いを続けるニコラ・サルコジ大統領とフランソワ・オランド社会党候補のプライベートは、それぞれに現代的なフランスの家族形態を色濃く反映していて興味深い。サルコジは三度の結婚経験があり、結婚の度に子どもを作っている。現在の妻カーラ・ブルーニにも連れ子がいるので、エリゼ宮（大統領官邸）に住むサルコジ一家は、今流行りの「複合家族（主に子連れの再婚家庭）」だ。オランドだって負けてはいない。前大統領候補のセゴレーヌ・ロワイヤルとは三十年にわたって事実婚の関係（現在は破局）を続け、四人の子どもをもうけたことは広く知られている。

このように型にはまらぬ家族観を自ら実践する指導者のもとでは、国民だって「伝統的な家族モデルを尊重しよう」と思わないのは、自然の流れに思える。周りを見れば事実婚カップル、結婚・離婚を繰り返す男女、シングルマザー、

同性愛カップルがますます目につくように。もはやこの国では「変幻自在なアメーバ家族が主流」とでも言いたくなるほどだ。「結婚して子どもを育て、一生を同じパートナーと添い遂げる」という伝統モデルを最後まで完走することは、近い将来トライアスロン並の難行となるかもしれない。

だが社会学者のミュリエル・ジョリヴェはこう指摘する。「たしかに従来の家族観からすれば崩壊しているように見えるかもしれない。しかし、彼らはみな家族を愛し、自分を愛し、幸福を探し続けようというモラリストたちなのである」。そう、日本人から見ると「節操なさすぎ」と呆れたくなる時もあるが、彼らは彼らなりの倫理があり、真剣なのだ。もちろん大変なのはそんな親の子どもたちか。だがフランスでは離婚後の親権は両方の親が持つもので、離れ離れに暮らす親子でも頻繁に会う機会があり、その絆は日本にくらべずっと濃いめだ。親が離婚したからといって「パパ（もしくはママ）に見捨てられた」と子どもが思う例は少なめだろう。とにもかくにも周りの目は気にせず、変化をも恐れず、まっすぐに幸せの狩人たることを選べるフランス人たちの勇気は、ちょっと羨ましくさえ感じる。

♪♬♪

7　ミラを置いて一時帰国

年末にミラをフランスに置いて一時帰国した。放射能汚染を心配するジルの反対があったからだが、決定的だったのは「パパが心配するからあまり行きたくない」というミラの言葉。てっきり本人は日本に行きたいのかと思っていたので意外でもあり、また少々寂しくも感じた。

一〇日間ほど滞在した東京は、表面上は以前と変わらぬ風景が広がっていた。しかし夜になると、宿泊したドミトリーの二段ベッドが揺れる度に、一人恐怖を味わったりもした。単に下で寝てる人が寝返りを打っただけなのだが、毎回「地震だ！」とドキドキしたのは情けない。

現地では友人や家族と日替りで会ったが、震災への関わり方はみなそれぞれに違っていた。元同僚は岩手県でボランティアをして帰ってきたばかりだが、別の友人は沖縄に移住計画中だった。放射能汚染に関しても楽観派、悲観派では全く見解が異なる。だがそれぞれに説得力があり、混乱してしまう。ミラの日本のいとこのゆきちゃんは、ミラに会えないことを残念がりお手紙をくれた。「でもミラちゃんに、日本に遊びに来てねって書いていいのかわからなくって……」と言っていたのが、胸にこたえた。

パリに戻ると、案の定ミラは宴会続きで顔が丸くなっていた。高級な柔軟剤の匂いに包まれて別人ぽくも感じたが、「日本語忘れてないよ」と言ってきたので、やはり我が子であった。

8　ラブレターをもらった

夕方学校にミラを迎えに行くと、バラの花の飾りがついた指輪をしていた。「どうしたの？」と聞くと、男の子にもらったという。よく見ると左の薬指だったので、慌てて違う指に変えさせる。数日後、今度は同じ子から熱烈なラブレター攻撃。その文面に驚いた。「君の存在や香りが心地よい」、「未来を考えられるのは君だけだ」云々。とても九歳の子が書く手紙とは思えない。フランスの学校は子どもに詩を暗唱させるから、キザな表現も身に付きやすいのか。「sérénité（平穏）」なんて単語があると「ヴィクトル・ユゴー風か？」と、突っ込みを入れたくもなる。だがミラによると「これはあの子は書けない。本から取ったと思う」とのこと。それでもこんな手紙を異性に送るのは、ちょっとおマセな気がした。

ふと自分の大昔の記憶がよみがえる。小学校の時にクラスの男子から「すき」と書いた年賀状をもらったが、全く同じものを友人の女の子ももらっていた。工夫ゼロの文面に加えての二股だ。キザなおマセ君もどうかと思うが、告白すら徹底的に手を抜きたがる日本男児も興ざめである。

ちまたはもうすぐバレンタイン。フランスでは男女どちらからでも食事に誘ったり、贈り物をしてもよいという。ホワイトデーや義理チョコがないのも気がラクだ。しかし今は娘がおマセにならないかという心配の種が増えてしまった。子どもの成長に伴い、心配の内容は変化し、その度にとまどうのだった。

9　朝からスポーツウェアで登校

登下校中のフランスの小学生を観察すると、「今日はこの子は体育の日だな」とだいたい察しがつく。なぜなら体育のある日は、みな朝から思い思いのスポーツウェアを、家から着て登校するからだ。もちろん足下はスニーカーで決まりだ。日本のように、校内で指定の体操着に着替えるということをしない。「汗をかいたら気持ち悪いでしょう」とミラに聞いても、「汗をかいたら、あとで涼しくなっていい」などと言う。日本より湿気が少なく、ベタベタ感も少ないめだから可能なのか。いずれにしてもスポーツウェアを着ての登校は、細かいところは気にせず、かつ合理的なフランスらしさがあると言えなくもない。

ルーヴル美術館とフランス学士院を結ぶ芸術橋は、カップルが永遠の愛を刻むために取り付けた「愛の南京錠」でいっぱい。ふたりの名前を書き込み鍵をかけた後、鍵はセーヌ川に投げ込む。

さらにプールの日になると、ミラは朝から洋服の下に水着を着て登校するのだ。これにはやや閉口したが、先生たちも黙認しているし、私も「まあいいか」と放任している。フランスの学校は日本と違って校内にプールがないため、近くの市民プールに民族大移動をしての授業だ。既存の施設を有効利用するという意味では、こちらもなかなか合理的ではないか。市民に一般公開する前の早めの時間帯を有効利用しているのも賢いやり方では。私も何度かプールの授業の引率をしたが、町中を歩く子どもたちは、どこか遠足気分のようでなかなか楽しそうだった。

プールの授業後は、「シラミが移るからイヤ！」と、子どもたちがブラシの貸し借りを渋り合っていたのも、これまたフランスの風物詩であった。

10　重過ぎるカルタ－ブル

ミラと私の口論の種になるのが「カルタ－ブル（小学生のカバン）」。あまりに重いので、荷物を少しでも減らすように言うのだが、聞く耳を持ってもらえない。ミラは「全部いるんだよ」と主張するが、ポケモンカードの束や謎のイラストがカバンの底に沈む様を見ると、こちらとしては納得できない。結局ミラに重いカバンを持たせるのが嫌で、いつもかわりに私が持つハメに。その繰り返しだから、ミラも努力をしない。私の背中は、ノートルダムのせむし男こと「カジモド」一直線である。

我が家に限らず小学生の重過ぎるカルタ―ブルは、ちょっとした社会問題と言ってても過言ではない。新学期の時期にはメディアも警鐘を鳴らしている。「子どもの体重の一〇％以下の重さに」と小児科医らは訴えるが、統計によるとＣＭ２（小五）のカルタ―ブルの平均重量は七・五キロだとか。教科書が頑丈な上、カルタ―ブルそのものも重めだ。宿題の内容を写す専用ノートなど、日本にない必需品まである。だから中にはキャリー付きカバンで登校する児童もいる。遠目にはスチュワーデスみたいでカッコ良いのだが、フランス名物の犬ノン様をひく恐れもあり、使用にはなかなか注意が必要だ。

さて先日、在仏日本人の子どもに無償配布される教科書を大使館に取りに行った。どの教科書も薄くて軽く、国語や算数にいたっては、上下巻に別れていた。きっと子どもを思い軽めに作ってあるのだろう。心憎い心配りに、あらためて祖国を誇らしく感じたのだった。

ルポルタージュ……子どものための哲学アトリエ

問いかけは芸術だ

「良い答え、悪い答えはありません。他人の意見は自分が前に進むのを助けてくれますね」。現役の小学校教師アンヌ=ソフィーさんがこう説明し、アトリエの幕が開いた。ここは文化施設「コレージュ・デ・ベルナルダン」。月に一回開催される子どものための哲学アトリエである。対象年齢は八歳から一二歳だ。

本日のテーマは「Histoire（歴史／物語）」。子どもたちはこの単語について思うことを順番に語る。「授業」「王様」「中世」……。言葉を定義する子もいるし、連想するイメージを口にする子もいる。アンヌ=ソフィーさんはすべての言葉を板書。「過去のこと」「これから語ること」というように、反対の意味が飛び出すのも興味深い。

次に参加者全体が〈八歳・九歳〉〈一〇歳～一二歳〉〈保護者〉の三つに分けられた。少人数のアトリエになるのだ。私は〈八歳・九歳〉のグループを見学。ここでは若い先生が子どもに「歴史」に関する質問を次々と投げかける。「歴史は繰り返す？」と聞けば、「パパやママが権威的なら子どももそうなるよ」「いや、反対になる人もいるわ」と子どもたち。「祖先が違う歴史を生きていたら、私たちの生活は違った？」と聞けば、「もちろん！　祖先が火を発明したから今がある」「いや、私たちが火を作ればいい」と子どもたち。小さな哲学者たちの

Goûters-philo 哲学アトリエ
Collège des Bernardins : 20 rue de Poissy 75005 Paris
www.collegedesbernardins.fr

達者な思考回路に脱帽だ。同時に、子どもに一切意見を押し付けることなく、辛抱強く言葉を引き出していく先生の態度には感心した。

隣の部屋をのぞくと大人チームは「歴史」をさかなに議論が白熱中だ。ついにシリア問題や戦争責任問題にまで話が及んでいる。発言者はみなラジオのパーソナリティ並に口が達者だ。アジアに話題が及んだ時、こちらに火の粉が飛んできては大変と、そそくさと教室を逃げ出す。

こうして一時間半の密度の濃いアトリエが終了。この試みはカナダ人のマシュー・リップマン教授の理論を受け継ぐものだそうで、「対話の力で子どもの考える力を伸ばす」のが狙いなのだとか。「問いかけは芸術。哲学の一歩です」。帰り際に、シンプルだが心に響く言葉を、アンヌ＝ソフィーさんからプレゼントされた。

11

限りなく義務に近い寄付がある

「ママ、払ってね」と、ミラが学校からたまに持ち帰ってくるのが、寄付を催促する用紙だ。「パパにプレゼントだよって渡して」などと言うこともあるが、いつも結局私が払う。これは学校協同組合（coopérative scolaire）という非営利組織が、子どもたちの学校生活を改善させるために募るカンパで、主に課外授業や授業道具の足しに使われる。昨年ミラの学校は、この寄付のおかげで六台のパソコンを購入したのだとか。自分の場合は四ヵ月ごとに一五ユーロずつ出してきた。内心「ちょっと少ないかも」と心配していたが、周りに聞くと年間二〇ユーロしか出さない人、数百ユーロは出していると思しき口ぶりの人と様々だ。さらにネットで調べてみると、「学校教育は無料のはずだから寄付はおかしい」と主張するママまでいた。ケチ、いや自称・堅実家な私も、さすがに負けたと思った。フランスの家計消費支出に占める教育費の割合は〇・七％。二・二％の日本にくらべ三分の一以下だ。極貧ではない限り、ちょっとは出してあげてもよさそうなものである。

だが白状すれば、「限りなく義務に近い寄付」という存在は、どうも感覚的にしっくりこない。それに初めから学校生活に必要なものがあると教えてくれれば、もっと私も出資したくなるのだが。小学校でのパソコン教育は基本的に反対の自分としては、購入したのがパソコンだと聞くと、「そんな物に使って」と思わなくもない。

12　当たり前、とは限らない

以前ミラと日本に滞在した時のこと。ミラは和式トイレの使い方がよくわからず、結局、前後を逆に、しかもしゃがむのが怖いから、立って用を足してしまったのだと、後に本人から聞いて驚いたことがある。自分には当たり前過ぎてわざわざ教えないことでも、彼女にとっては当たり前でないことがあるのだとあらためて感じた。

また最近のこと。私が風呂に入っていると、ミラが「電話だよ」と飛んできた。私は「後でかける」と伝言を頼み、風呂から出た後に友人にかけ直してみた。すると電話口でこの友人が、「さっきミラちゃんが出て、『みずえさんのお家ですか?』って聞いたら、『はい、私がみずえさんの子どもです』」と答えて面白かった」と笑った。たしかに日本語としては正しくても、日本に住む子どもならばあまりしない言い回しだろう。思えば日本語での電話応対なんて当たり前に身に付くものとして、わざわざ教えてはいなかった。まあこれはこれでちょっと面白いから、不自然さを直すのももったいない気もするが。

とはいえフランス育ちのミラに、逆に教わることもある。一緒に本を読めば、「なんで黒板は緑なのに黒板?」、一緒に散歩をすれば「なんで信号は緑なのに青信号?」などと聞いてくる。こちらが思い込む「当たり前」に、容赦なく疑問を投げかけてくるのだ。「言われてみればそうだよな……」と、思わず目を開かされるのだった。

13 バカンスに出発した

学年末のイベントや習い事の発表会。そして毎週のようにお呼ばれをするお誕生日会。フランスの小学生の六月は、とりわけ忙しい。親は子どもの姿を残そうと、カメラ片手に右往左往する。そして耐久マラソンのような日々が過ぎれば、二ヵ月丸ごと夏休みだ。宿題がないので親としては「遊び過ぎでは?」と少々心配。でもミラによると「九月は新しい先生がくるから、宿題を直すのができなくなっちゃうからしょうがない」のだとか。そう主張するミラは嬉しそうだ。

目下、私たちは夏休みを利用し、地方都市に滞在中である。私は旅先では最大限に名所観光

Saison5　そして少女になっていく

学校週４日制と長過ぎる授業時間は多くのフランス人も問題視しており、バカンスの日数も含め、近く制度変更の予定がある。

をしたい派なのだが、ミラはのんびりリズムを好む。そして旅の合間に読書や数独（ナンプレ）、クロスワードを楽しんでいる。これは単に性格の違いだけではなく、バカンスが短いから積極的に観光をしたがる日本人と、家族と暮らすように過ごす滞在型バカンスが主流のフランス人との感覚の違いもあるのだろうか。旅先まで来てパズルに興じるのは勿体ない気がするし、頭も疲れそうなものだが、ミラは「集中していると何も考えないし、いろんな悪いことも忘れるから ça me repose（休まる）」と言うのだった。

そんなミラののんびりリズムには正直イライラすることもあるが、子どもが喜んで一緒に旅に出てくれるうちが花なのだろう。フランスでは、特に子どもが女の子の場合、成長しても日本にくらべ、親子でいろんな話ができると聞く。友達感覚で恋愛話もするようだ。ミラもあと数ヵ月で一〇歳。我が家の場合、これからどんな親子になれるのだろうか。

コラム……「タンギー君（すねかじり）」が増えている

大学で教壇に立つエリートで、女性にも困らないタンギーくん、二八歳。自立の条件は揃っているのに実家が心地よく、なかなか独り立ちしないご様子だ。そして、ついに痺れを切らした両親が、あの手この手で息子の追い出しに手を染めていく……。

コメディ映画『タンギー』（二〇〇一年）は、フランスで四三〇万人の観客を集める大ヒットを記録した。「パラサイトシングル」の同義語として、「タンギー現象」という造語も飛び出したほど。残念ながら日本への配給は見送られたが、それもそのはず。本作には、日本人にはピンとこない家族観が描かれていたのだ。

まず「二八歳のパラサイト」は、日本では映画にして驚くほどに特異な設定ではない。加えてフランスでは、結婚して年を重ねて壮年となっても、パートナーとの関係がとりわけ大切である。だから息子には自立してもらい、カップルの時間を存分に楽しみたいというタンギーの両親の個人主義的な価値観は、カップル文化が薄めの日本人にはわかりにくいだろう。

さてこの映画そのものは十年ほど前に制作されたが、フランスで「タンギー現象」が実感を持って語られ出したのは、世界金融危機以降のこと。ただし映画のように、親元を離れたくない甘えん坊ではなく、経済や学業的な理由で「仕方なく」親のすねをかじっているタンギーくんが多いと言われる。

欧州連合統計局の調査によると、二〇〇八年は一八〜三四歳までのヨーロッパ人四六％が親と同居していたが、なかでもとりわけタンギー率を押上げている国は、不況で苦しむ上に母親崇拝の伝統が濃いイタリアだ。逆に低めなのは、手堅い社会保障で若者も自立しやすいデンマークやフィンランドらの北欧諸国。フランス人の自立は、全体から見れば早くも遅くもないといったところである。

さてここで疑問もよぎる。実家を出れば真の自立になるのだろうか？　ということだ。以前私はフランス人男性と同棲をしていた時、「水漏れ」や「ネット不通」といった些細なことで、遠隔地に住む両親に逐一電話をしたがるパートナーの姿を見てとても驚いた。「問題があった時は、まずカップルで一緒に乗り越えたいのに」と、苦々しく思ったものである。

実は彼の両親が当てはまる「六八年世代（フランス版全共闘世代）」は、しっかりと権利を主張しながら、自らの道を切開いてきた逞しい人たちだ。かえって彼らは、子どもに余計な苦労をさせたくないと、手取り足取りの援助を惜しまない傾向があるのだとか。そんな説明を小耳にはさみ、妙に腑に落ちたのだった。もしも実家を出ても精神的自立ができない人がいるとしたら、もしかすると親切過ぎる両親が背後に隠れているのかもしれない。

♪♬♪

あとがき

ミラが今よりもっと小さくて、ベッドで大の字になり寝ていた頃、いつもその姿を見て不思議な気がしていた。その心持ちを言語化すると、「なんでこの子は、ここで当然のように安心しきって寝てるんだ?」というような感覚だ。おそらく子どもが親に寄せる無条件の絶大なる信頼を前に、少したじろいでいたのだろう。

そして気がつけば、今やミラも小学校の最終学年に。数日前からはついに一人で登下校を始めた。来年からは中学生である。来月は自分も記念すべき不惑の年に突入するが、思えば三〇代はそっくりそのまま、子育てに明け暮れた一〇年間だった。ミラがティーンエイジャーとなるこれから、彼女とどんな親子関係が結べるのか。フランスの中学生、高校生の学生生活も間近で観察できるだろうから、新たなカルチャーギャップという驚きを楽しみに待っている。

本書の出版にあたり、多くの方々から絶大なお力添えを頂いた。まずは前作『フランス映画どこへ行く』から引き続いてのご担当となった編集者の佐藤恭介さん。バランス感覚に富み、信頼が置ける佐藤さんと再びお仕事ができた幸運を、しかとかみしめているところだ。そして無名ライターのエッセイという危険な出版を了承してくださった花伝社の平田勝社長、イラストで本書に大輪の花を添えてくださった井上コトリさん、大切な本の顔となるカバーデザインを担当してくださったマルプデザインの星野槙子さんにも、改めて厚くお礼を申し上げたい。

　また、パリの日本語新聞『オヴニー』で子育てエッセイの執筆を勧めて下さった佐藤真編集長、イリフネ社の頼れる若社長ダン・ベローさん、『オヴニー』の生みの親ことベルナール・ベローさん&小沢君江さんご夫妻と『オヴニー』関係者の皆さま、連載時から読んでくださった読者の方々にも、この場を借りて深く感謝の念をささげたい。

　それからジルことアレックス&アレさんファミリーと、私の日本の家族にはずいぶんと話のネタを提供してもらった。メルシーボク（有り難うございます）！　ちょっと失礼なことも書いた気はするが、セパグラーヴ！　フランスではどうせ仏訳などは出ないはずなので、どうぞお許しを……。また写真の掲載を快諾してくださったミラのお友達とご父兄の方々にも、この場を借りてお礼をお伝えしたい。

　そして娘のミラ。私のところにやってきたのは、なかなかのチャレンジャーだったと思う。今までたくさんの楽しい濃密な時間をありがとう&これからもどうぞよろしく。好きなことを大切に、元気に大きくなってくれたら嬉しい。加えて末筆ではあるが、本書を手に取り読んで下さったすべての方々に、深く感謝を申し上げる。

二〇一二年九月末日

林　瑞絵

巻末資料／フランスの家族給付について

二〇一一年には合計特殊出生率が二・〇一であったフランス。ヨーロッパでもトップクラスの「産みやすい国」を支える背景には、手堅い家族給付の存在がある。ここでは日本でも話題となる家族給付の内容をまとめてみた。（一ユーロ＝一二〇円で計算）

【乳幼児受け入れ手当】

まず乳幼児を迎え、育てる人のための手当として、「乳幼児受け入れ手当（PAJE/La prestation d'accueil du jeune enfant）」がある。内容は以下の四種の手当を含む。これは二〇〇四年から新たに施行された手当であり、以前の手当にくらべ、女性の自由意志を尊重する内容だ。子育てをする女性は働き方や子どもの預け方を自分で決めるが、この新手当は、女性の多様な選択を積極的に支える柔軟な内容となっている。

(1)出産・養子手当（La prime à la naissance ou à l'adopticn）

子供の出産、および養子（二〇歳未満）を迎えるにあたり支給される準備手当。子ども一人で九一二・一二ユーロ（約一〇万九四五四円）。双子や三つ子と子どもの数が増えても、同額が人数分支給される。養子の場合は一八二四・二五ユーロ（約二一万八九一〇円）。

支給には所得制限がある。子どもが一人の場合、カップルでも収入源がひとつの家庭は年収三万四一〇三ユーロ（約四〇九万二三六〇円）以下。一人親、もしくはカップルでふたつの収入源がある家庭は年収四万五〇六八ユーロ（約五四〇万八一六〇円）以下。

(2)基本手当（L'allocation de base）

子どもが三歳の誕生日を迎えるまで支給される乳幼児手当。月額一八二・四三ユーロ（約二万一八九一円）。子どもは実子でも養子でも同じ金額だが、養子の場合は、子どもがやってきた時から三年間となる。出産・養子手当と同様に支給には所得制限がある。

(3)保育方法自由選択補足手当（Le complément de libre choix du mode de garde）

六歳未満の子どもを育てる人が、保育方法を自由に選択しながら、保育者に対する報酬の一部を援助してもらう手当。支給額は収入、子どもの数と年齢（三歳未満か、三歳以上六歳未満か）、保育方法（保育者に直接報酬を支払う場合、保育者に紹介会社経由で報酬を支払う場合、自宅での保育者に対して紹介会社経由で報酬を支払う場合）で細かく変わる。最低支給額は八五・六三ユーロ（約一万二七五円）、最高支給額は八二七・八七ユーロ（約九万九三四四円）。

例えば、年収が四万ユーロ（約四八〇万円）の家庭が、三歳未満の子ども一人のために、保育者を直接雇用する場合は、毎月二八五・四九ユーロ（約三万四二五八円）の支給となる。

(4)就業自由選択補足手当（Le complément de libre choix d'activité）

三歳未満の子どもがいるために勤務時間を短縮、または完全休業をする人が受けられる手当。条件は一定期間、年金に加入していた人。例えば完全休業をする場合、基本手当を受けている人で三八三・五九ユーロ（約四万六〇三〇円）、受けていない人で五六六・〇一ユーロ（約六万七九二一円）が支給される。また勤務時間を五割短縮する場合、基本手当を受けている人で一四三・〇五ユーロ（約一万七一六六円）、受けていない人で三二五・四七ユーロ（約三万九〇五六円）が支給される。支給期間は子どもが一人の場合は半年間、二人以上の場合は最後の子どもが三歳の誕生日を迎えるまで。

【日常の子育て支援となる給付】

さらに、子どもを持つ家庭の日常生活を支える手当としては以下のものがある。

●家族手当（Les allocations familiales）

子どもが二人以上になると、自動的に毎月支給される手当。支給に所得制限はない。

支給額

子どもが二人の場合　一二七・〇五ユーロ（約一万五二四六円）

子どもが三人の場合　二八九・八二ユーロ（約三万四七七八円）

子どもが四人の場合　四五二・五九ユーロ（約五万四三一〇円）

さらに子どもの数が増えると、一六二・七八ユーロ（約一万九五三三円）づつ増えていく。

加えて一九九七年四月三〇日以降に生まれた子どもの場合、子どもが一四歳に達してから、毎月六三・五三ユーロ（約七六二三円）が手当に増額される。家族手当は、子どもが二人しかいない場合、「上の子には支給がされない」ので注意が必要だ。

●家族補足手当（Le complément familial）
子どもが三人以上いる家庭で、三番目の子どもが三歳の誕生日を迎えると受給できる手当。毎月一六五・三五ユーロ（約一万九八四二円）。支給には所得制限がある。

フランスでは一般に、三人以上の子どもがある家庭への援助が特に厚いと指摘される。税制面でも大家族であればあるほど所得税率も低く、優遇されるのだ。他にも一八歳以下の子どもが三人以上いる家庭は、「大家族カード」が一九ユーロ（約二二八〇円）で入手可能だ。カードの提示で鉄道や地下鉄が大幅割引となる他、遊園地、美術館、映画館、プール、ホテル、レストランなど、民間・公共を問わず様々な機関や企業で割引が受けられる。

●新学期手当（L'allocation de rentrée scolaire）
六歳〜一八歳までの子どものいる家庭に支給される手当。新学期直前の八月末に、年一回支給される。支給には所得制限がある。

支給額
六歳〜一〇歳の子ども　一八七・八四ユーロ（約三万四五四〇円）

一一歳〜一四歳の子ども　三〇三・六八ユーロ（約三万六四四一円）
一五歳〜一八歳の子ども　三一四・二四ユーロ（約三万七七〇八円）

他にも、離婚などで片方の親から支援を受けられない場合の援助や、一人親を含む低所得者世帯が受けられる援助、障害のある子を扶養する家庭への援助、三人目誕生に伴う引っ越し資金の援助、子どもが事故や大病になって親が仕事を停止した時にでる日当、低所得世帯が受けられる住宅援助など、幅広い手当が用意されている。

初出一覧

Saison1　フランスで親になる（妊娠中～〇歳）

◎コラム　高い出生率の秘密
出産・育児にもお国柄?:海外の子育て事情
出産・子育てWebマガジン「チビタス」
二〇一一年二月掲載　オールアバウト社

◎コラム　出産にまつわるしんどさ＠フランス
「ちいさい・おおきい・よわい・つよい」誌　No.86
連載1ママのつらさは万国共通?「出産」
二〇一二年二月発行　ジャパンマシニスト社

◎コラム　赤ちゃんが泣いたらどうする?
「ちいさい・おおきい・よわい・つよい」誌　No.89
連載4ママのつらさは万国共通?「夜泣き」
二〇一二年八月発行　ジャパンマシニスト社

◎コラム　母乳は職場復帰の足かせ?　周囲からの「卒乳圧力」
「ちいさい・おおきい・よわい・つよい」誌　No.87
連載2ママのつらさは万国共通?「授乳」
二〇一二年四月発行　ジャパンマシニスト社

◎ミニ・インタビュー
フランスのドゥドゥ（ぬいぐるみ）文化を斬る～ぬいぐるみデザイナーに話を聞く
パリの情報誌「オヴニー」No.628
連載「オヴニー社会科」
二〇〇八年三月一四日発行　エディション・イリフネ社

Saison2　家族の転機（一歳～四歳）

◎ルポルタージュ　シュタイナー教育を実践するパリの託児所
パリの情報誌「オヴニー」No.572
連載「オヴニー社会科」
二〇〇五年九月一日発行　エディション・イリフネ社

◎コラム　フランスに子育て革命をもたらしたドルト
Web版「エコマム」スペシャルリポート
二〇〇九年一月九日　日経BP社
◎ミニ・インタビュー　ドルト資料館スタッフに話を聞く
パリの情報誌「オヴニー」№646
連載「オヴニー社会科」
二〇〇九年一月一五日発行　エディション・イリフネ社
◎ルポルタージュ　乳幼児の社会デビューをお手伝い、子育て支援の場「緑の家」
パリの情報誌「オヴニー」№693
連載「オヴニー社会科」
二〇一一年三月一日発行　エディション・イリフネ社
◎コラム　食材は混ぜずに調理、バゲットで歯固めには心配
「ちいさい・おおきい・よわい・つよい」誌　№88
連載3ママのつらさは万国共通？「離乳食」
二〇一二年六月発行　ジャパンマシニスト社
◎コラム　幼児語から考える、フランスは子どもに甘い国？
「言語」誌
特集　幼児語・育児語の世界　世界の幼児語と子育てフランス語
二〇〇六年九月発行　大修館書店
◎コラム　恵まれているぶんキツい一面も、フランスの母親事情
「ちいさい・おおきい・よわい・つよい」誌　№81
大特集「〝ママをする〟のがつらくなったら」
二〇一一年四月発行　ジャパンマシニスト社

Saison3　日仏交えて子は育つ（四歳半〜五歳）

◎コラム　考える葦、伸ばす授業〜幼児が〝哲学〟するドキュメンタリー映画
「読売新聞衛星版」パリ便り
二〇一二年五月二五日付　読売新聞社
◎ルポルタージュ／アソシエーション探訪1「バカンスと家族」
「ふらんす」誌　連載アソシアシオン探訪5
二〇一二年八月号　白水社

Saison4　学校生活がはじまった（小学校低学年　六歳〜七歳）

◎ルポルタージュ／アソシエーション探訪2「希望の子どもたち」
パリの情報誌「オヴニー」№670
連載「オヴニー社会科」
二〇一〇年二月一五日発行　エディション・イリフネ社

Saison5　そして少女になっていく（小学校中学年　八歳〜九歳）

◎ルポルタージュ／アソシエーション探訪3
「映画の子どもたち」
「ふらんす」誌　連載アソシアシオン探訪2
二〇一二年五月号　白水社
◎コラム　型にはまらぬ家族観、まっすぐに幸福追求
「読売新聞衛星版」パリ便り
二〇一二年四月二五日付　読売新聞社
◎ルポルタージュ　子どものための哲学アトリエ
パリの情報誌「オヴニー」№721
連載「オヴニー社会科」
二〇一二年六月二日発行　エディション・イリフネ社
◎コラム「タンギー君（すねかじり）」が増えている
「おそい・はやい・ひくい・たかい」誌　№68
特集「大人未満」な子とつきあう
二〇一二年七月発行　ジャパンマシニスト社

その他のエッセイは全て
パリの情報誌「オヴニー」
連載「パリの子育て・親育て」
二〇〇四年四月〜二〇一二年七月　エディション・イリフネ社

林　瑞絵（はやし　みずえ）

1972年北海道札幌市生まれ。育ちは関東（東京、神奈川、埼玉を転々）。成城大学文芸学部卒業後、映画会社2社で宣伝担当。98年に渡仏。03年にミラ（日仏ハーフ♀）を出産。現在はパリに住み、子育て、旅行、フランスの文化・社会一般について執筆を続ける。映画ジャーナリストと名乗ることも。著書に『フランス映画どこへ行く――ヌーヴェル・ヴァーグから遠く離れて』（花伝社）。

パリの子育て・親育て

2012年11月22日　初版第1刷発行

著者 ――――― 林　瑞絵
発行者 ―――― 平田　勝
発行 ――――― 花伝社
発売 ――――― 共栄書房
〒101-0065　東京都千代田区西神田2-5-11出版輸送ビル2F
電話　03-3263-3813
FAX　03-3239-8272
E-mail　kadensha@muf.biglobe.ne.jp
URL　http://kadensha.net
振替　00140-6-59661
装幀 ――――― 星野槙子（Malpu Design）
カバーイラスト―― 井上コトリ
印刷・製本――― シナノ印刷株式会社

ISBN 978-4-7634-0650-7 C0077